共通番号制度のカラクリ

マイナンバーで公平・公正な社会になるのか？

田島泰彦・石村耕治・白石孝・水永誠二 編

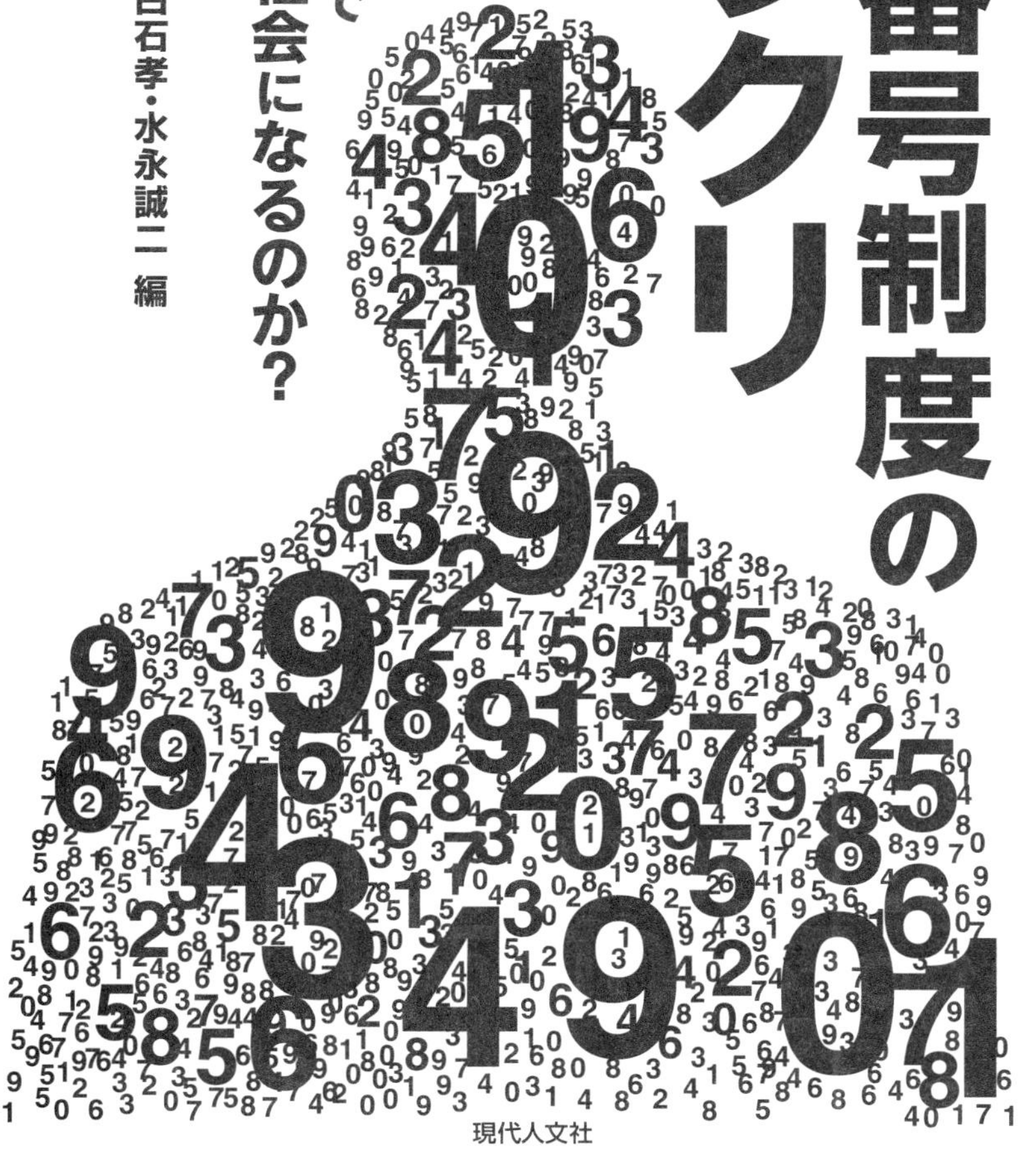

現代人文社

目次

第4部 グローバルな視点から番号制度のあり方を探る

はじめに

共通番号制度（マイナンバー）を考える

情報は誰のものか

上智大学文学部新聞学科教授
田島泰彦

　ここでは、『共通番号制度のカラクリ』と題されたこの本を読む上での案内となることを意図して、共通番号制度（マイナンバー）を考えるヒントを探ってみたい。その際、共通番号制度それ自体にアプローチし、それを詳細に分析するというスタイルをとるのではなくて、特に「情報は誰のものか」という観点から、言論統制や監視など情報の統制やコントロールのあり方に着目して、共通番号制度の提案が示されるに至った背景や文脈のなかに位置づけ、考えてみたいと思う。共通番号制度

たじま・やすひこ　1952年、埼玉県秩父生まれ。専門は憲法、情報メディア法。監視社会を拒否する会共同代表。著書に『人権か報道の自由か』（日本評論社）、『この国に言論の自由はあるのか』（岩波書店）。共編著に『住基ネットと監視社会』（日本評論社）、『超監視社会と自由』（花伝社）。共訳書にディヴィッド・ライアン著『監視スタディー

がはらむ多様な論点や局面自体については、本書の後続の諸論考が多角的に論じ、検討しているので参照願いたい。

共通番号制度と秘密保全法制がなぜ一緒に？

共通番号法案（マイナンバー法案）は民主・自民・公明三党による修正協議を経て、近々の国会の内閣委員会で審議入りする可能性が強まりつつある。民主党政権は、共通番号制度ばかりでなく、秘密保全法制についても法案化を目指している。この二つの提案はなぜ一緒に出てくるのか。お互い別々の無関係な提案なのだろうか。そうではなくて、根っこのところでつながっているというのが私の認識だ。

共通番号制度も秘密保全法制もともに国を統治し、管理する側からの「情報の統制・コントロール」という基本的な政策とアプローチの現われだと考えられるからである。ここでいう統制やコントロールには、情報の秘匿や禁圧だけでなく表現やメディアへの規制も含み、また市民に関する広範な情報を積極的に収集、管理、利用する活動や市民への監視も射程に収めている。こうした情報の統制とコントロールの根源にあるのは「情報はお上のもの」との根深い発想に他ならない。

ズ』（岩波書店）、ディヴィッド・ライアン著『9・11以後の監視』（明石書店）ほか多数。

秘密保全法制はそうした情報はお上のものであることを国家の秘密に即して示そうとする提案だ。国の安全、外交、公共の安全と秩序の維持という広範な国の情報を「特別秘密」としてその漏えい・取得・教唆等を禁圧し、重罰を科すだけでなく、秘密を扱える人を調査・選別し、国会や裁判所へも秘密の保全を求めるというのだから、重要な国の情報はお上の意のままに秘匿され、操作されるなかで、ジャーナリストの取材も制約され、ますます市民の届かないところに置かれることになる。

共通番号制度の導入は、市民に関する情報の収集・管理・利用という情報の統制とコントロールのもう一つの側面を示している。市民の情報を把握し、利用する有効なツールの一つは、データベース化されているさまざまな情報をつなぐ枠組みを制度化することで、この点では、全国民の巨大なデータベースを構築し、国家による市民管理の重要な基盤的制度としての役割を担う住基ネットが既に成立、運用してきた。これを踏まえて、今回の共通番号制度は、後で検討するように、いろいろな点で住基ネットをはるかに超えて、総背番号制による市民監視の体制を格段に広げ、強化しようとする企てに他ならない。

監視社会のなかの共通番号制度

情報の統制・コントロールの一つの要素は監視社会の進展である。共通番号制度は日本の監視社会化という大きな流れのなかで、その一環、延長線上に位置づけられ、考えられるべき現象と思われる。監視社会の典型的、直接的装置として各種の監視カメラがある。これには、主要道路数百箇所で通過する車両をことごとく撮影する「Nシステム」と呼ばれる仕組みがあり、繁華街・商店街、駅、コンビニ、学校などに設置され、市民を取り続けている無数の「防犯カメラ」が含まれる。こうした「防犯カメラ」の増殖を後押しし、地域ぐるみの監視体制を推し進めるのが生活安全警察に支えられ、全国の自治体で進められてきた生活安全条例である。そこでは、犯罪への対処を民間や地域にも責務として課し、警察の指導のもと、民間も巻き込んで住民に防犯のための活動を求める仕組みが定められている。さらに、2005年1月から開始された事前旅客情報システム（APIS）の導入や2006年の入管法改正による特別永住者などを除く16歳以上の来日外国人に顔写真と指紋のデジタル情報の提供義務付け、また監視カメラに顔認証システムを連動させる試みなど、監視の強化、拡大が進行している。

そういうなか、2002年8月5日、住民基本台帳ネットワークシステム（住基ネット）がスタートした（第一次稼働）。これは、1999年の住民基本台帳法の改正によって導入された仕組みで、国民一人一人に番号（住民票コード）を振り、氏名・生年月日・性別・住所などの基本情報とそれらの変更情報（本人確認情報）をコンピュータネットワークで全国的、一元的に管理しようとするものである。2003年8月には、希望者にICチップ内臓の住民基本台帳カード（住基カード）も交付され、本格稼動（第二次稼動）がなされた。

全国民の個人情報をコンピュータで中央集権的、一元管理する住基ネットのシステムは、大量の個人情報が漏えいされ、不正使用される危険を格段に高めるだけではなく、個人の情報が過度に官に管理され、乱用される危険も大きい。何しろ一億数千万人分の国民すべての基本情報がコンピュータネットワークで繋がれ、全国的、一元的に管理され、運用されることになるので、もしこれが漏れたり、不正に使用されるとすればその被害の規模と程度は計り知れない。私たちの大量の個人情報が商売の道具として利用されたり、不正に悪用されたらと考えると、ぞっとせざるを得ない。現にアメリカでは、官民で広く利用されてきた社会保障番号について、他人の番号を盗用した犯罪が多発し、深刻な社会問題となっている事実が報告されている。

さらに住民票コードとして私たちに番号が付され、全国民の巨大なデータベースが構築されるということは、私たちの情報が官により過剰に管理され、監視される危険を格段に高める。将来、住民票コードをいわばマスターキーとして、他でデータベース化されている私たちのさまざまな情報、たとえば、税の捕捉に必要な所得や取引行為、社会保障の受給記録、教育歴、運転免許や車の所有などから果ては犯罪歴、病歴に至るまでの諸々の個人情報が結合され、番号一つで私たちの生活が丸裸にされるおそれがある。

また、大量の情報を記憶できるＩＣチップ内臓の住基カードは、住民票の広域交付などのほか、福祉、公共施設利用、印鑑登録など、さまざまな目的で利用できるとされている。これは建前上希望者だけに交付されることになっているが、利用できるサービスが広がれば、これをもっていないと不便この上ないということになり、多くの市民がこれをもつことを事実上強いられかねない。さらには、もっとも汎用的な身分証明書として活用され、果てはパスポートの国内版として国民がその携行を義務づけられる事態さえないとは言えない。

今回の共通番号制度は、住基ネットを踏まえて、税と社会保障に関する情報について名寄せや突合、データマッチングを前提とし、医療情報も今後取り入れ、民間利用も前提、射程に収め、番号の警察利用も可能とし、番号カード（ICカード）の利用が広がり、国内版パスポートの役割を果たすなど、住基ネットをはるかに凌ぐ本格的な総背番号制が企図され、市民監視を徹底する装置が構築されるおそれが強い。

民主党が進める新たな表現規制

情報の統制・コントロールのもう一つの側面である情報の秘匿・禁圧や表現・言論統制についてももう少しその動向と姿を確認しておこう。

端的に言うと、個人情報保護法（2003年成立）に象徴されるような自公政権によるかつてのメディア規制三法*に勝るとも劣らない「新たな表現規制」とも称されるべき大掛かりな動きが、民主党政権のもとで進められつつある。秘密保全法制などの一連の立法を指しているのだが、表現の自由や知る権利を脅かすこうした新たな攻撃を市民社会やジャーナリズムは見過ごしてはなるまい。

＊メディア規制三法　個人情報保護法（2003年成立。2005年施行）のほか、人権擁護法（2002年国会上程、2003年廃案）と青少年有害社会環境対策基本法（提出断念）の三法案をいう。言論・表現の自由を制約するおそれがあるということから付けられた総称。

自公政権下で推進された個人情報保護法や人権擁護法案、さらには児童ポルノ法改正などに際して、野党であった民主党は表現の自由の観点なども踏まえ、自公による表現規制に傾く乱暴な提案に反対するとともに、規制のトーンを抑え、よりマイルドで謙抑的な独自の法案を対置する姿勢を示してきた。ところが、民主党は政権に就くとこうした姿勢を転換し、規制指向を格段に強め、新たな表現規制に向かってひた走るようになった。

今後、秘密保全法制をはじめ、人権委員会設置法案や児童ポルノ法改正案なども含め、表現規制を狙う重大提案が目白押しだが、もう既に実現したものもある。昨2011年、大震災と原発の発生の後可決成立したコンピュータ監視法だ。犯罪の捜査に際して捜査機関がプロバイダー等の通信事業者に対して、最長60日間、通信履歴の保全を要請できる制度を導入することなどが含まれているのだが、盗聴法による電話傍受に続いて、コンピュータのメールに対して官憲に介入権限を与えた点で、通信の秘密を侵害する重大な措置である。法律の背景となっているサイバー犯罪条約では、過去の履歴だけでなくリアルタイムでの通信盗聴も許容される規定になっているので、将来そうした方向での法の改正、拡張さえ目指される可能性が高い。

秘密保全法制、人権委員会設置法案、児童ポルノ改正などの課題はいずれも突然提起された目新しい課題というわけではなく、今日の要請も踏まえつつ、過去の提案を受け、引き継いだものだ。秘密保全法制の直接的な契機は尖閣映像の流出事件（2010年11月）だが、国家秘密法案の提案を経て、防衛秘密法制の導入やGSOMIA（軍事情報包括保護協定）の成立などこれまでの秘密保護法制の強化、拡大の再編の一環として位置づけられるべきものである。人権委員会設置法案や児童ポルノ法改正問題については、自公両党による提案に反対して民主党案を提起してきたのだが、政権に就いた後、人権委員会設置法案は、市民やメディアの取材や表現を広く規制対象として含んでいる点でかつての民主党の人権侵害救済法案からはるかに遠いだけでなく、人権擁護法案以上の表現規制立法であるし、児童ポルノ法改正案もポルノとは無縁なヌードや水着姿まで射程範囲に収める現行法の過剰な定義規定を削除するとのかつての提案を引っ込め一定の修正つきで存置するなど、規制に傾く方向が窺える。

こうした新たな表現規制を食い止め、表現の自由と知る権利を擁護する任務が、市民社会とジャーナリズムに強く求められている。

共通番号制度にどう挑むか——住基ネット差止め訴訟の経験も受け止めて

最高裁は2011年5月、全国17の住基ネット差止め訴訟のなかの北海道訴訟の上告を棄却し、2002年7月、東京地裁に第一次の提訴をしてから9年、全国訴訟は終結した。こういうなか、民主党政権のもとで共通番号制度の導入が図られようとしている。共通番号制度に挑むためには、住基ネット訴訟の意義と成果を改めて確認、継承し、今後に残された課題を受け止めることが求められよう。

差止め訴訟は、450人の住民が、全国14の地方裁判所・17の裁判体に、住基ネットの差止めを提起し、150名の弁護士のもと統一、全国訴訟として取り組まれた。また、住基ネット訴訟を支援する会も生まれ、講演会をはじめ活発な活動を進めてきた。

差止め訴訟の第一の意義は、巨大な国策たる住基ネットに対して市民からの異議申立てが提起され、全国的、国民的運動として取り組まれたことだ。特に、人間の尊厳とプライバシーを掲げて、監視社会に対して正面から対峙し、異議を申立てたことはこの国の民衆運動、市民運動にとって画期的な意味をもつだけでなく、裁判を軸に広範な市民運動として展開されたことは欧米でもまれな国際的にも注目に値する経験ではないか。

第二に、こうした運動の中で貴重な成果も生み出すことができた。原告住民側は自己情報コントロール権としてのプライバシーの権利を正面から提起し、データマッチングをはじめ住基ネットの危険性を暴露した。そういう中で、金沢地裁と大阪高裁で画期的な住基ネット違憲判決を勝ち取ることができた。最終的には、最高裁の合憲判決がこれを覆したとはいえ、自己情報コントロール権の考え方やデータマッチング批判は権力も簡単に無視できない制約として働く一面が生じた。

また、メディアについても、金沢地裁の違憲判決について圧倒的多数の全国紙、地方紙が判決を支持する社説を出し、最高裁の合憲判決についても、同じく圧倒的多数の新聞が判決に疑問を提示する社説を掲げたように、住基ネット訴訟は重要な影響を与えた。

訴訟自体の終結を受けて、差止め訴訟を求める全国訴訟弁護団や訴訟を支援する会も同じく組織を閉じ、活動を終えることになったが、住基ネット自体は稼動しているし、なかんずく、民主党政権のもと共通番号制度の導入に向けて突き進みつつある。共通番号制度は住基ネットとともに、それを凌ぐ全国民規模の巨大なデータベースであり、現代版国民総背番号制に他ならない。

にもかかわらず、共通番号制度を批判する声や運動は住基ネットのときと比べ、極端に少なく、特に、全国紙をはじめとするメインストリームのメディアは共通番号制度を支持し、容認する方向にほぼ傾き、権力を監視するジャーナリズムの姿勢に乏しい。住基ネット訴訟の経験も受け継ぎ、共通番号制度に挑むことが私たちに何よりも求められている。

これで本稿を閉じることにするが、改めて情報は誰のものかを問うべきだろう。「情報はお上のもの」とする統治者や官の側からの情報の統制とコントロールに抗して、「情報は市民のもの」との立場から、知る権利と情報公開の徹底、表現・報道の自由の擁護、プライバシーと自己情報のコントロール権の確立を目指して、秘密保全法制などの表現規制・言論統制とともに、共通番号制度を退け、情報を市民に取り戻す課題が私たちにはある。

第1部

Q&A共通番号制度を読み解く

水永誠二　弁護士

Q 1　共通番号制度（マイナンバー）で国民全員に番号が付けられるそうですが、どう利用されるのですか？

A

住民票を持つ国民と外国人住民（永住外国人、3カ月超在留する外国人など）の全員に番号がつけられます。

この番号（マイナンバー）は、①12桁程度の・生涯変わらない・個人識別のための背番号であり、②まずは税、社会保障、防災分野における個人情報を、「これは誰々の情報」と間違いないように整理し、③それらの情報をコンピュータネットワーク（情報提供ネットワークシステム）を使って、迅速・確実に名寄せ・突合して利用する（＝情報連携）ために使われます（この制度を作るための「マイナンバー法」[*1]の正式名称が、「行政手続における特定の個人を識別するための番号の利用等に関する法律」となっていることに注意）。

この制度の導入目的について、政府は、A：この番号を税分野で「納税者番号」[*2]として使うことによって、国民等の所得を正確に把握し、B：その把握した所得に

水永誠二（みずなが・せいじ）
1959年、福井県生まれ。1982年、金沢大学卒業。司法研修所第41期修了。1989年、弁護士登録（東京弁護士会）。日本弁護士連合会情報問題対策委員会副委員長、日弁連人権擁護大会シンポジウム第2分科会「デジタル社会における便利さとプライバシー〜税・社会保障共通番号制、ライフログ、電子マネー〜」の実行委員会事務局長（2010年）を歴任。
主な著作に『デジタル社会のプライ

基づいて、①公平な税の徴収を行うことと、②低所得者など真に必要としている人に必要な社会保障を給付するということを挙げていました。このAとBを間違いなく連携させるために、「税と社会保障分野で共通の番号制度が必要だ」と言っていたのです。しかし、この導入目的はまやかしです。

「所得の正確な把握」が不可能であることは[*3]、すでに政府も認めています。そもそも、富裕層優遇の税制自体の改正は先送りされており、共通番号制度の導入で公平になるものではありません。「社会保障の充実」は、財政難の上、「自立・自助」を強調する自民党との理念の調整すらできていません。共通番号制度の導入目的自体があいまいであり、破たんしていると言える状況なのです。

私たちは、この共通番号を使うことを法律で義務づけられます。

２００２年運用開始の住基ネットによって私たちに付番された「住民票コード」は、行政手続内部でしか使われないものであったため、私たちは、この番号を知る必要も、使う必要もありませんでした。ところが、この共通番号は「納税者番号」ですから、私たちは、勤務先の会社や雇用主、自営業者であれば報酬をもらう先に、この番号を告知して、法定調書（源泉徴収票）に名前と共に番号を記載してもらう必要があります。また、確定申告書にも番号を記載して提出する必要があります。

バシー 共通番号制・ライフログ・電子マネー』（共著、航思社、２０１２年）がある。

＊1　11桁の住民票コードを暗号変換して作る。

＊2　納税者を特定するための番号。詳しくは、第2部2辻村論文参照。

＊3　なぜ不可能であるのかについては、第2部2辻村論文参照。

Q 2 国民全員に交付されるICカード（個人番号カード）とは、どんなものですか？　どう使うのでしょうか？

A

この共通番号制度のポイントの1つは、「マイナンバー」が記載された顔写真付きICカードが、無償で交付されることです。

このカードは、①免許証くらいの大きさ、②表面に、顔写真、氏名、住所、生年月日、性別と有効期限等が、裏面に共通番号（マイナンバー）が記載され。③それらの情報は、カードの中に埋め込まれたICチップにも電子情報として納められる、④このICチップの余裕部分には、自治体などで、そのほかのアプリケーション（例えば、印鑑登録証、市立図書館・病院の利用者証など）を入れることができる、といった特徴をもっています。

顔写真付きのタイプのものしかないので、これを入手したい人は、必ず住民票がある市町村役場に行って、顔写真を撮ってもらってカードを作る必要があります。そのため、政府としては、このカードは、国民等の全員に持ってもらいたいのですが、全員に「顔写真を撮るために役所に出頭しろ」とは強制できないので、申請した者に交付するとしています（マイナンバー法案56条）。

このカードの使い道は、①Ｑ１でも述べたように、勤務先に提示して、「私は、Ａ市○○町１－１に住む、甲野太郎であり、マイナンバーは123456789012である」ということを証明することにあります。

また、②免許証のように顔写真つきの身分証明書としても利用することが予定されており、例えば、銀行やサラ金、レンタルショップなどで本人確認をする際にこのカードを提示することになります。

さらに、③Ｑ３で述べる「マイ・ポータル」というインターネットのサイトにアクセスする際の、電子的な本人認証の手段としても利用されます。

住基ネットの「住基カード」はほとんど普及しませんでしたが、今回の「個人番号カード」は、勤務先などに自分の本人確認と共に番号を伝える必要があるため（そうしないと雇ってもらえない）、事実上所持を強制されることになってゆくと思われます（ただし、マイナンバーの通知自体は葉書か紙カードで行われる予定であり、勤務先にその通知書の番号を示して、免許証等で本人確認ができれば、法律上の義務は何とかクリアできそうです）。

Q3 共通番号制度が導入されれば、便利になったり公平になったりするのではないのですか？

A

私たちが便利さや公平さを実感することはほとんどありません。

社会保障の対象となる低所得者の所得は、納税者番号を付けても、（給与所得者を除いて）正確に把握できるはずはなく、主に本人の申告によるしかありません。「低所得だから、申請しなくてもいろいろな社会保障サービスを受けられるようになる」などということにはなりません。また、そもそも、そのような社会保障を担保する財源もない状態です。正確な所得把握ができないのですから、公平な税の徴収も実現できません。また、そもそも、株式の譲渡所得に関する低率の分離課税など、富裕層優遇の税制の改正は、所得税法などを改正しないといけない問題ですから、共通番号制度とは関係のない話しです。

「マイ・ポータル」という、インターネットを利用して、行政機関が保有する自分の情報を閲覧できる制度が宣伝されています。しかし、インターネットを使えない人には無意味です。[*]その上、そこで全ての情報が開示・閲覧できるわけでもありません。「プッシュ型サービス」といって、市町村などから、「あなたはこんな行政サービスが受けられますよ」という情報を、マイ・ポータルで受け取ることができるということも宣伝されています。しかし、そのようなサービスを受けるためには、行政に対する申請と審査は必要です。これで「行政サービスが充実した」「便利になった」と実感できるでしょうか？

社会保障サービスの充実というなら、市町村の担当者が巡回訪問するなどして、対面で相談に乗ったりした上で、申請を手伝ってあげるべきです。「プッシュ型サービスをしたのだから、申請をしなかったあなたが悪い」と言わんばかりの、血の通わないサービスは、税金の無駄遣いであり、ありがたくもありません。

「このカード一枚あれば、健康保険証の代わりにもなるし、引っ越し時に1カ所で全ての手続を済ませることができるワンストップサービスなども実現する」などという利便性も宣伝されています。しかし、これはたくさんの税金と民間の費用をかけて、社会全体のシステムを高度にネットワーク化・システム化した結果、実現できるかもしれない、というものでしかありません。「費用対効果」が問題になりますが、そのバランスは後述のように疑問です。

＊仮にインターネットに接続できるパソコンがあっても、さらに「ICカードリーダー」という何千円かする機械を購入しなければなりません。

Q 4 「給付付き税額控除」、「総合合算制度」を実施するのに、共通番号制度は不可欠ではないですか？

A

政府やマスコミは、消費税増税による逆進性（低所得者ほど増税の負担割合が大きくなること）を是正するためには、「給付付き税額控除」[*1]の導入が必要であり、そのためには共通番号制の導入が前提となる、と言っています。

しかし、共通番号制度の導入は「前提」ではありません。なぜなら、これは「共通番号制度で所得が正確に把握できる」ことが前提となるところ、それが実現できないことは先述したとおりだからです。

今でも、市町村は（国税庁が把握していない）低所得者（世帯）の所得情報を持っています。この精度を上げて活用できるようにすれば、「給付付き税額控除」制度も実現できるはずです。

政府は、共通番号制度で、「総合合算制度」[*2]も実現できると言っています。

しかし、この制度を実現するためには、膨大な費用がかかります。例えば、この

＊1　給付付き税額控除　低所得者には消費税で負担が大きくなった分に応じて減税をし、税金を支払っていないなど減税できない人には、その分の現金を給付しようという制度。

＊2　総合合算制度　世帯単位で、所得に応じて、医

上限が8万円と決められた場合に、それ以上の支払いを窓口でしなくても良いシステムはどうなるかを考えてみて下さい。そのためには、全ての医療機関や薬局などが、受診や薬を買う際に、即時に、「この患者の自己負担額は3割だから3000円」というようなレセプト（診療報酬）計算をして、レセプトオンライン請求ができるシステムができていなければなりません。このようなシステムが整備されて初めて、中央のデータベースで、「この世帯の当月の支払額が累計で8万円に達したから、それ以上は支払う必要がない」という情報を、即座に医療機関の窓口に返すことができるのです。このようなシステム構築には膨大な費用がかかりますし、厳重なセキュリティ対策も必要になります。その負担に耐えられない零細な医療機関、薬局等もたくさん出てきます。現在でも「高額療養費制度」[*3]があるのですから、この制度を改善すればいい話です。

なお、この「総合合算制度」は、社会保障に関する負担と給付を個人単位で勘定する「社会保障個人会計」制度の導入と裏表の関係になり、社会保障給付削減に使われる危険性も指摘されています。

療費・介護費などの上限を設けて、それ以上は支払う必要がないという制度。

＊3　高額療養費制度　公的医療保険で、医療機関や薬局の窓口で支払った額が、ある月で一定額を超えた場合に、その超えた金額を支給する制度。

Q 5 ＩＣカードがあれば災害の時に役に立つと聞きましたが、本当ですか？

A

持って逃げることができたときに、本人確認に役立つくらいです。

政府やマスコミは、２０１１年3月11日に発生した東日本大震災の時に、この共通番号制度があったならば、被災者支援に役立ったなどと宣伝しています。しかし、大規模災害時の被災者支援で、最初に必要な情報は、ＩＣカードによる本人確認ではありません。どこに何人の被災者がいて、食料、衣料、毛布等はどれだけ必要なのか、ということです。

次の段階は、誰がどこに生存していて、誰が行方不明なのかを確定することです。この段階では、仮に全員が「個人番号カード」のような顔写真付き身分証明証を持っていれば、生存者の本人確認に役立つとは言えるでしょう。しかし、取るものもとりあえず、命からがら逃げ出さなければならないような災害時に、カードを持ち出すことなど全く期待できません。結局、市町村などが保有している住民台帳を元に、氏名、住所、生年月日、性別の4情報で本人確認をすることが一番確かです。

さらに次の段階として、避難した人の健康や医療支援があります。この段階では、本人のカルテや服薬情報などがあれば、より的確な支援ができるとは言えます。しかし、これはICカードの問題ではありません。カルテ情報、服薬情報を、一元的にバックアップして管理するシステムの問題です。すなわち、カルテなどが津波で流されてしまったような場合に、当該医療機関のカルテ情報が、どこか別の場所に設置された中央データベースにバックアップされていれば、そこから被災地の医療機関にカルテ情報を提供することができるということです。

しかし、このようなシステムを作ろうとするならば、診療所、個人医院、薬局を含めて全ての医療機関をネットワークでつなぐことが必要になります。このシステムの構築・維持費用は膨大なものになります。また、ここで扱う情報は医療情報ですから、極めて高いセキュリティ対策が必要となります。その負担に耐えられない零細な医療機関、薬局等もたくさん出てきます。これでは費用対効果のバランスは望めません。なお、東日本大震災に際して、社会保険診療報酬支払基金は、2012年2月分、3月分のレセプト情報をデータベース化して、提供するなどの取り組みを行っています。*

＊2012・4・18「東日本大震災の被災者に対するレセプト情報の提供の取組について」http://www.aomori.med.or.jp/web/jishin01.html

Q 6 プライバシーの侵害が心配されていますが、どうしてですか？

A

プライバシー侵害の危険性は、必然的に、極めて高くなります。マスコミなどは、「共通番号制度で便利になる。だけどプライバシーも心配」などと抽象的にしか問題にしていません。しかし、以下に述べる3つの面で、プライバシーは危機に直面します。

第1に、共通番号をマスターキーとして、多くの分野の個人情報が正確に名寄せされ、統合されて（プロファイリングといいます）、プライバシーが丸裸にされる危険性です。共通番号が官と民、特に民間の多くの分野で利用が解禁されるようになるということは、同時に、共通番号をマスターキーとして個人情報が全部名寄せできるようにもなるということです。そのことは、民間でも「共通番号」が普及しているアメリカや韓国、スウェーデンの実態を見れば明らかです（本書4部参照）。この制度を、国が国民等の管理・監視に利用したり、民間企業が商業目的に利用したりするおそれもあります。

第2に、官民において、数多くの共通番号付きデータベースが作られ、それらがコンピュータネットワーク化されるようになると、不正侵入により個人情報が大量に漏えいさせられる危険性も高くなります。なぜなら、行政と民間の多くのデータベースやそれにつながる端末がネットワーク化されることにより、必然的にセキュリティレベルが低いところが出てきます。そこが侵入口となってデータベースに不正アクセスされ、保管されている共通番号付きの個人情報が大量に漏えいしてしまう可能性が高くなるからです。また、一旦漏えいした場合、この共通番号は原則生涯不変ですから、他の漏えい情報からも同一の共通番号を手がかりに個人情報を名寄せすることが可能になります。この点で、これまでの情報漏えいと比べて、プライバシー侵害の程度は格段に高くなります。

第3に、漏えいや不正取得された共通番号付き個人情報を基に、不正に他人に成りすます「成りすまし犯罪」が多発する危険性も高くなります。たとえば、「自分が知らないうちに、勝手に借金を作られたり、名義を変更されてしまったりといった被害に遭う可能性が高くなります（第4部参照）。「便利な社会」というのは、「悪用される危険の高い社会」でもあるのです。

Q7 第三者機関の創設や罰則の強化など、政府のプライバシー保護対策は有効ではないのですか？

A

残念ながら、有効ではありません。政府は、プライバシー侵害の危険性に対して、①個人情報を分散管理する、②プライバシー保護の第三者機関（個人番号情報保護委員会）を新たに作って、監視・規制にあたらせる、③共通番号付き情報の取り扱いを制限し、違反に対しては重罰を科す（4年以下の懲役もしくは200万円以下の罰金など）などの対策をとるとしています。

しかし、①分散管理しても、分野ごとの管理番号を「共通番号」に統一したり、各データベースに個人情報と一緒に「共通番号」を記録しておいたりしたのでは、分散管理は、1カ所のデータベースから全分野の個人情報が漏えいするのを防止するという対策にしかなりません。

②第三者機関についてですが、たしかにこれまで日本にはなかったプライバシー保護機関を作るという意味はありますが、問題は、この機関に、熱意と能力のある

委員とスタッフが配置され、権限を行使できる根拠法が整備され、予算も十分に確保されるかです。この点、委員は、「各界代表」の7人と定員が定められ、しかもそのうちの3人は非常勤と定められています。これが官僚等の「天下り」ポストとなっては意味がありません。しかも、「行財政改革」の流れの中で、このような新しい機関に、十分な予算をつけることは非常に望み薄です。さらに問題なのは、この委員会の権限は、番号付きの個人情報にしか及ばないことです。しかも、警察などが収集・利用するものには及びません（マイナンバー法48条）。EUなどでは当たり前になっている「プライバシーコミッショナー」のようなプライバシー全般を保護する実効的な機関とはほど遠い存在になってしまうおそれが大です。

③罰則の強化の効果も限定的です。たとえば、情報漏えい等は過失によるものが多いのですが、マイナンバー法では過失犯は処罰されません。また、反対に、過失犯まで処罰しようとするならば、処罰の範囲が著しく拡大し、番号付き個人情報の取扱いは著しく困難となってしまいます。

結局、プライバシー保護対策は「共通番号制度にしない」ことから始めるしかありません。政府も、各分野の情報を連携させる際は共通番号以外の番号を使うという構想ですから、共通番号を使う必要はありません。

Q 8

導入にはどのくらいの費用が必要なのでしょうか?

A

行政の効率化につながれば、元は取れるということがいわれますが、「元が取れる」かどうかは疑問です。

「費用」について、①2010年6月29日に「社会保障・税に関わる番号制度に関する検討会」が公表した「中間とりまとめ」では、「一定の前提を置いた粗い試算」として、共通番号制度の創設に4000億円から6100億円、それとは別個にランニングコストや設備更新費用がかかるとしていました。②最近、政府は、情報提供ネットワークシステムの構築に500億円、その他のシステムの構築に2000億円から4000億円くらいかかるといっています。③単純に考えても、1枚500円から1000円する個人番号ICカードを1億人に配布するだけで500億円から1000億円がかかる計算になります。

このような膨大な税金をかけ、さらに民間で対応するために別途また膨大な費用と手間をかける意味があるのでしょうか?

「システム構築に4000億円かかるけれども、このシステムを作れば税金の支出が1兆円減る。それだけの費用対効果があるのだ」と、ある程度具体的な説明をしてくれるのならば、まだ検討の余地もありますが、未だに、「費用」の見積もりはもちろん、「効果」の試算すら示されていないのです。

国民はだれもが、自宅を建てるなど高額な買い物をする際に、「建築費が幾らかかるかもしれないし、間取りや住み心地がどうなるかも分からないけれども、建築をお願いします」などとは決めません。ところが、政府や国会がやろうとしていることはそのようなことなのです。しかも、自宅ならば自分のお金ですが、共通番号制度の場合は私たちの貴重な税金なのです。

政府は、「1000兆円の借金があり、増税をした上で、それでも足りないから社会保障費を削減せざるを得ない」と言っています。これに対して、私たちは、社会保障を持続させるために、そして、東日本大震災で未曾有の災害に遭っている人たちの生活を再建するために、少しでも無駄を削り、税金の有効利用をはかる必要があります。「電子的ハコモノ」公共事業とも言うべき共通番号制度のために無駄遣いをすることを許すことはできません。

Q 9 将来、民間での共通番号の利用が拡大すると言われていますが、どういう仕組みなのですか？

A

まず現在のマイナンバー法案でも、相当広い範囲で民間利用がなされることになっています。これは、Q1で述べたように、「納税者番号」として利用されるからです。

その上、近い将来、さらに広範囲での民間利用が解禁になることが予想されます。それは、経団連などの経済界が「利便性と効率性を高めるためには、広く民間利用を認めるべき」と要求しているからでもありますし、政府自身が、「将来はスウェーデン型で広く民間も含めて利用することを目指す」という方向性を示しているからでもあります。マイナンバー法案の附則第6条でも、「施行後5年後見直し」が規定されており、5年後の利用拡大は既定路線です。

予想される拡大の範囲は、電気、ガス、水道などの公共料金関係の利用者番号から始まることが予想されます。引越の際の「ワンストップサービス*」を実現するためには、公共料金関係の利用者番号も「共通番号」化しておけば便利だという声が一部で強くあるからです。たしかに、このような「ワンストップサービス」が実現すれば、「便利」にはなるでしょう。しかし、このような「便利さ」の半面、私たちの個人情報は全てが一つの「共通番号」でつなげられてしまうことにもなります。その結果発生するプライバシー侵害の危険性や監視社会化の危険性は、Q6で指摘したとおりです。そこで指摘したように、誰かに成りすまされて手続をされた場合には、「ワンストップ」すなわち1回の成りすましで、それにつながる全ての手続が行われしまいます。その被害は広範囲で甚大なものとなります。

「ワンストップサービス」自体は検討すべき課題かもしれませんが、それは「共通番号制度」が前提とならなくても、1カ所「総合窓口」を作って、そこから各所へ手続ができるシステムを作れば済む話しです。例えば、厚生労働省は、職のない貧困者対策として、ハローワークの窓口で、職業相談、住居・生活支援の相談・手続をワンストップでできるような取り組みをしたことがあります。

結局、プライバシーを守りながら、便利な社会を実現するためには、「共通番号」を使うという選択肢は避けなければなりませんし、「共通番号」を使わなくても工夫次第で実現できるはずです。

＊ワンストップサービス　一度の手続で引越に関する行政手続や公共料金などの全ての手続ができること。

Q 10 制度のスタートまでに、どんなスケジュールが想定されているのでしょうか？　今後の課題は何でしょうか？

A

政府は、2012年に、マイナンバー法及び関連法を成立させ、2013年前半に「個人番号情報保護委員会」を設置、2014年秋にマイナンバーを通知して、2015年1月以降、社会保障、税、防災の各分野の内、可能な範囲で番号の利用を開始する予定を立てています。そして、2016年1月以降、「情報提供ネットワークシステム」や「マイ・ポータル」の運用を開始し、同年7月をめどに、地方公共団体との連携についても運用を開始する予定としています。

さらに、Q9で述べたように、マイナンバー法施行後5年後見直しにより、さらに広範囲に共通番号を使うことが計画されています。

なお、医療分野の個人情報については、扱う情報の内容が極めてセンシティブなので、2013年中に個人情報保護法の特別法を制定することが計画されています。

住基ネットの場合、1999年の住民基本台帳法改正で住基ネットの導入が決

住基ネットがスタートとした当時、多くの市民が立ち上がった。写真は、バーコードを顔に描いて抗議する市民団体のメンバー（総務省前で、2002年8月5日、共同通信提供）

まってから2002年8月の運用開始までの間に、システムや個人情報保護法の整備など数々の問題があり、一時は多くの地方自治体から施行延期の決議が上がるなど、極めて錯綜とした状況となりました。また、「憲法13条で保障されたプライバシー権（自己情報コントロール権）を侵害するものだ」として、全国各地で「住基ネット差止訴訟*」も起こされました。

　このマイナンバー法は、93の事務に共通番号を利用することができる、そのために情報連携のネットワークシステムや第三者機関を作る、という法律であって、この法律が制定さ

＊住基ネット差止訴訟　住基ネットを管理、利用等する行為は憲法で保障されたプライバシー権や人格権を侵害し違憲とする憲法訴訟が提起された。そのほか住基ネット関係経費の費用返還を求め

れたからといって、直ちにシステムができて、運用が開始されるわけではありません。したがって、この制度が具体的にできあがって行くまでに、私たちがいろいろな問題を指摘し、その施行を阻止してゆく余地はあります。「住基ネット差止訴訟」の最高裁判決（2008年3月6日）の基準から見ても、この制度の違憲性を問うことも可能です。少なくとも、その危険性を少なくして行く余地は十分にあります。

住基ネットの時と違い、共通番号制度に反対する野党が極めて少数であり、マスコミが総じて共通番号制賛成の立場であること等、困難な状況にあることは確かですが、私たちは、将来を、プライバシーの保障された自由な社会にしてゆくために、共通番号制度の導入目的が破綻しており、費用対効果も問題があること、そして何よりもプライバシー侵害の危険性を具体的に明らかにしつつ、着実に運動を広げてゆくことが必要です。

る住民監査請求、個人情報の外部提供の中止を求める提供中止請求、住民票コードの削除請求などの行政訴訟等が提起された。住基ネット差止訴訟弁護団によると、提起された訴訟は全国で17件におよんだ。石川訴訟の金沢地裁、大阪訴訟の大阪高裁では違憲との判断がなされたものがある。これに対し、2008年3月6日、最高裁判所第一小法廷は、住基ネットを管理、利用等する行為は憲法13条に違反しないとの判断を示した。

第2部
共通番号制度で暮らしは便利になるのか？

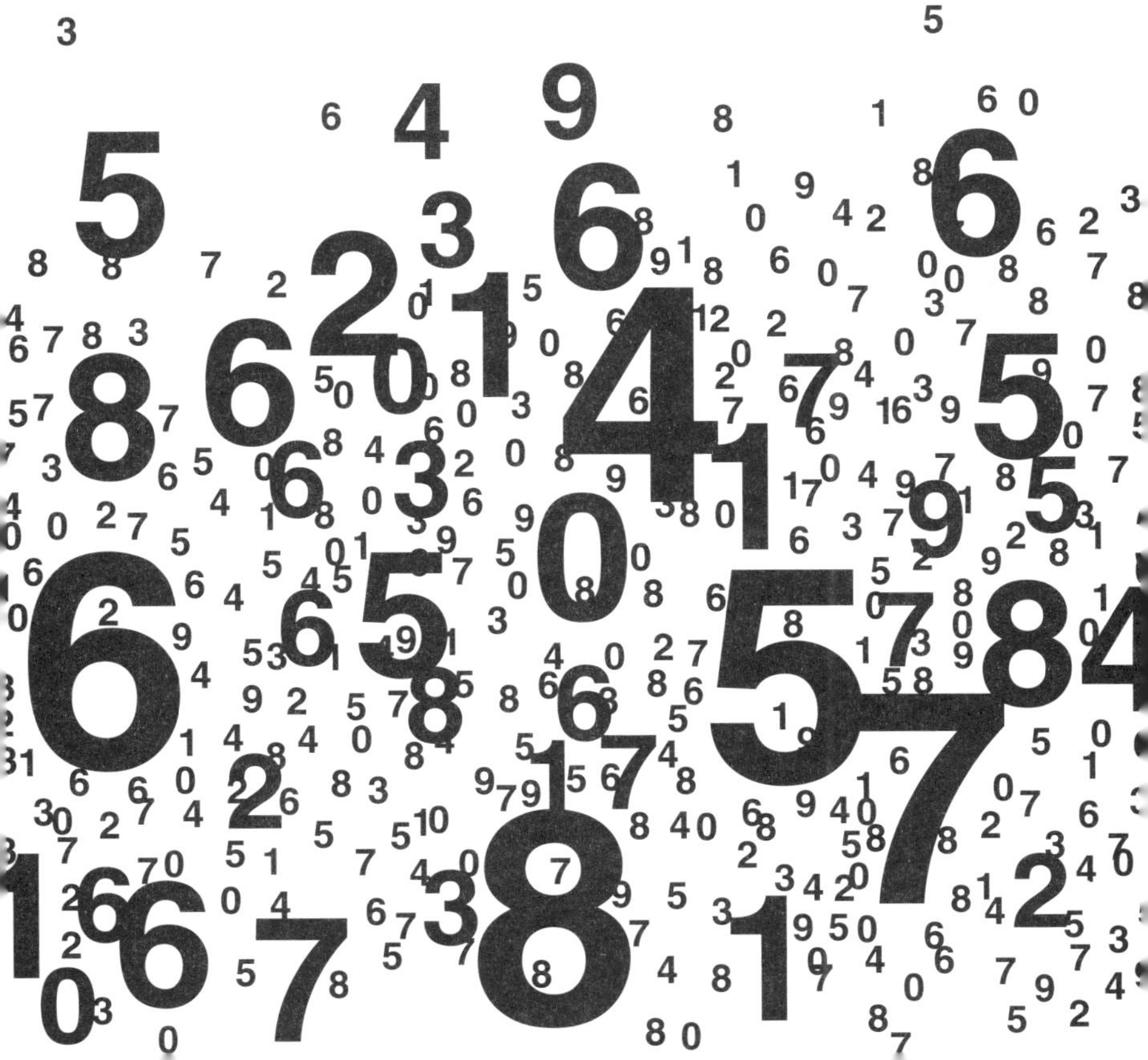

1　共通番号で医療はどうなる？

神奈川県保険医協会事務局主幹
知念　哲

はじめに

医療分野での共通番号の最大の懸念は「医療費の給付の抑制」と「医療の産業化」にある。２０１２年の２月14日に国会上程された共通番号法案（マイナンバー法案）では、病名・病歴・検査結果など医療・健康に関わる個人情報（以下「医療等情報」）については、そのプライバシー性の高さ等を一定配慮した形で、共通番号の対象から外した。だが、果たして本当に配慮がされたのか。

ここでは、政府が宣伝する共通番号のメリットの欺瞞性を指摘し、共通番号と医療ＩＴ戦略との関係など、全体の構造を明らかにしたい。

ちねん・さとし
１９７３年神奈川県生まれ。39歳。１９９７年に帝京大学法学部を卒業。１９９９年に開業保険医の団体、「神奈川県保険医協会」に事務局員として就職。２００６年より医療情報部を担当し、政府の医療ＩＴ化への問題提起、改善運動等に取り組む。

「共通番号があれば……」はウソ

２０１１年6月30日に閣議決定した「社会保障・税番号大綱」では、医療分野の様々なメリットが書かれている。これを見た多くの国民は「共通番号によって医療が良くなる」、「あらゆる場面で便利になる」など、何となく良い印象を持つだろう（図表1）。しかし、これら一つ一つをよく見れば、実は今の制度でも対応・実現が可能なものばかりだ。ここでは各項目について検証してみる。

「総合合算制度（仮称）」とは、世帯単位で所得・税金・各種保険料に応じて、医療・介護・保育・障害の社会保障制度の自己負担（利用料）の合計額に上限を設け、利用者の負担が重くならないようにするというもの。しかし、今でも医療と介護の自己負担額に上限を設ける「高額医療・高額介護合算制度」があり、同制度の拡充で十分対応が可能だ。

オンラインが前提の災害時の医療情報活用は、電気や通信などのインフラが止まった場合は役に立たない。３・11の東日本大震災では、紙の「お薬手帳」[*1]が服薬管理で威力を発揮した。またインフラ復旧後には、医療費請求に使う調剤・医療の

＊1　お薬手帳　医療機関や処方せん薬局が患者に薬を処方する際に、一緒に渡す手帳のこと。氏名や生年月日、血液型等の基本情報の他に、処方日・薬の種類や量・飲み方・副作用などの薬剤情報が記載されている。

図表1　社会保障・税番号大綱より

◆**本文より抜粋（医療関連）**
・ＩＴ化された情報連携システムの範囲をより拡大した場合には、自らの利用する医療・介護等の社会保障サービスに関する情報の入手・活用が可能になる
・個人の匿名性を確保した上で診療情報等の二次利用を行えば、医療統計データの効率的な収集が可能となり、医学の向上にも資することとなる
◆**概要より抜粋（医療関連の主なもの）**
・「総合合算制度（仮称）」の導入
・災害時における医療情報の活用
・医療機関における保険資格の確認
・継続的な健診情報・予防接種履歴の確認
・難病等の医学研究等において、継続的で正しいデータの蓄積が可能となる
・地域がん登録等における患者の予後の追跡が容易となる
・年金手帳、医療保険証、介護保険証等の機能の一元化

医療機関での患者の保険資格の確認については、共通番号と同時に配布されるＩＣカードが使えるようになったとしても、飛躍的に便利になるというほどではな「レセプト」[*2]が有効利用された。

*2　レセプト
医療機関や処方せん薬局が保険者に請求する医療費の請求明細のこと。レセプトには患者（保険加入者）の氏名、病名、実施した検査や治療、処方した薬剤名などが記載されている。

い。むしろＩＣカードに対応するための設備投資や情報漏洩対策など、医療機関は負担のほうが大きくなる。

健診情報・予防接種履歴の確認は、今でも書類等で情報提供が行われている。必要があれば、医療機関でカルテ開示を求めることもできる。がんや難病については、各都道府県で「地域がん登録事業」や「難病相談・支援センター」があり、事業の拡充で対応が可能だ。

各種手帳の機能一元化は、「カードを1枚にすれば便利」という単純なものではない。漏洩・流出等の被害の大きさを考えれば、今まで通り制度ごとに保険証、手帳を分けるべきだ。

以上の通り、医療分野で共通番号がなければ実現できないものは何もない。それればかりかメリットとも呼べないものまで「それらしく」盛り込んでいることに違和感さえ覚える。

医療等情報がなくても「医療費の抑制」は可能

前述の通り、マイナンバー法案では医療等情報は共通番号の対象外となっている

図表2

2011年5月29日「番号制度シンポジウムｉｎ東京」にて

◆会場からの質問

　給付をたくさん受けているのにあまり負担していない人に対する給付を抑制するという使い方がされる恐れはありませんか？

◆峰崎内閣官房参与の回答

…率直に申し上げて、それは政治の問題だと思うのです。

…社会保障を充実させていくのか、あるいは考え方によっては小さい政府に持っていって社会保障は自立自助でいったほうがいいのだというふうに思っている人たちが政治の実権を握った場合には、そちらに行くだろう…。

が、健康保険や国民健康保険など公的医療保険制度に関する保険料の支払額や医療の給付状況（治療にかかった費用）など、医療の「お金の出入り」に関わる個人情報は共通番号の対象としている。

　前述の「総合合算制度」は、大綱等では低所得者対策として位置付けているが、その制度設計から、患者（保険加入者）ごとに負担（保険料等）と給付（治療）を把握・コントロールし、給付を負担の範囲内に制限することが可能となる。これは、経済界が熱望する「社会保障個人会計」そのものであり、患者の病態や症状等はまったく考慮せずに、「お金の出入り」だけで公的医療保険の給付を抑制する「医療費抑制」の仕組みなのだ。そして、共通番号は「社会保障個人会計」の運営にうってつけのインフラとなり得る。大綱が提唱する

＊3　どこでも**MY病院構想**　医療機関等に閉じられた個人の医療等情報を自らがネット上で閲覧・管理でき、活用できる仕組みのこと。2013年から「電子版お薬手帳」として開始し、翌年以降、情報提供の範囲拡大等を進めるとしている。

＊4　シームレス**な地域連携医療**　二次医療圏（＊6）で「地域医療連携ネットワーク」を作り、医療・介護といった職種間を超えて医療等情報を共有し、切れ目のない医

「総合合算制度」は政治の風向き次第でたちまち「社会保障個人会計」に変わる可能性を秘めている。２０１１年5月29日に東京で開催された政府主催の番号制シンポジウムでの峰崎内閣官房参与の発言を見れば、この懸念が決して大げさでないと分かるだろう（図表２）。

医療等情報の利活用　「医療ＩＴ戦略」が先導

医療等情報を一元管理して利活用する政策は、共通番号が出てくる以前から議論が重ねられてきた。政府の「高度情報通信ネットワーク社会推進戦略本部」（以下「ＩＴ戦略本部」、本部長は内閣総理大臣）では、２００６年から医療ＩＴ化を重点戦略として位置付けている。民主党政権に代わってからもこのスタンスは変わらず、現在は本部内に「医療情報化に関するタスクフォース」という特別チームが編成されている。２０１１年5月には、「どこでもＭＹ病院構想」[*3]、「シームレスな地域連携医療」[*4]、「レセプト情報等の活用による医療の効率化」[*5]などの医療ＩＴ戦略が提起された。

前述の表1と見比べれば、大綱に書かれた医療分野の内容は医療ＩＴ戦略と見事

療・介護連携を実現するというもの。カルテや各種検査データの情報連携ネットワークシステムの構築を掲げている。

＊5　レセプト情報等の活用による医療の効率化　厚生労働省が管理するレセプト情報や健診情報等を、医学研究や医療費適正化等に資する研究に限って第三者に情報提供する事業のこと。第三者提供の際には、レセプト等の情報は匿名化が施される。２０１３年4月から実施予定。

に一致することが分かる。つまり、政府は共通番号で医療ＩＴ戦略を実現させようと画策していたのだ。

共通番号の対象から外れたとはいえ、医療ＩＴ戦略が消滅したわけではない。医療等情報の取り扱いについては、マイナンバー法案または個人情報保護法の特別法を制定することとなり、２０１３年の通常国会での提出を目指して厚生労働省で議論が進められている。議論では、医療等情報の利活用推進、医療ＩＴ戦略の実現を目的に、共通番号とは別の番号（医療等ＩＤ）と情報連携基盤（医療等データベース）からなる、医療分野独自の情報連携システムを構築することが検討されている。なお、共通番号は制度の対象外の個人情報も連携できるようにシステムを設計している。また、マイナンバー法案では、法案施行後5年（２０２０年）を目途に、対象範囲や利用範囲の見直しを行うとしている。これらを勘案すれば、政府が医療等情報と共通番号の統合を諦めていないことが分かるだろう。

民間保険会社が主導　営利追求の米国型管理医療

医療等情報の一元管理・利活用が進んだ先の医療とはどういうものなのか。その

＊6　二次医療圏　手術や救急などの一般的な医療が完結できる医療の地域圏。複数の市町村を一つの単位とし、地理的な繋がりや交通事情等を考慮して定められる。なお、一次医療圏は市町村、三次医療圏は都道府県全域を指す。

ヒントは、米国の「マネージドケア」と呼ばれる管理医療制度にある。

米国の医療制度は国民皆保険ではなく、公的医療制度の対象は高齢者、低所得者など一部の国民のみ。大半の国民は任意で民間保険に加入している。この民間保険会社が導入している制度がマネージドケアだ。これは現在の米国の主流となる管理医療制度で、民間の保険会社が主導権を握り、利益追求を最優先に医療機関への受診や治療内容を制限する仕組みである。

患者が医療機関を受診する場合、疾病の部位・病態等に関わらず、まずは自身が加入する民間保険会社と契約関係にある医師（家庭医）を受診しなければならない。医師は患者が加入する保険商品の保障範囲で実施できる治療を行う。より専門的な治療を要する場合は専門医に紹介することになるが、その内容も保険商品によって決まる。保険商品の保障範囲を超えた治療が必要な場合、別途自腹で支払うか、治療を諦めるかの二者択一となる。

このように、マネージドケアとは患者の経済力で医療内容が決まる、完全な「資本主義医療」なのだ。２００７年に上映されたマイケル・ムーア監督の映画『Ｓ・ｉＣＫＯ』では、切断した2本の指をくっつける手術費用が薬指は12万ドル、中指なら6万ドルと言われ、中指は諦めざるを得なかった人、保険会社に保険金支払いを拒否され治療を受けられず死亡した人など、マネージドケアの悲惨な現実が描かれている。

日本の医療の未来とは　日本版「管理医療」の到来か

共通番号や医療ＩＴ戦略による個人情報の一元管理・利活用が完成した先の日本の医療制度はどう変わるのか。ここでは未来の医療の形を想像してみたい。

①　国の政策により医療・健康は「自助」が最優先となったため、国民は「どこでもＭＹ病院」で自己の医療・健康情報をチェックし、病気にならないよう自己管理することが求められる。また、「社会保障個人会計」によって公的医療保険の保険料等の範囲でしか治療が受けられないため、ネット上の個人サイト「マイ・ポータル」を使って自己の保険料や給付上限等を随時チェックする。マイ・ポータルには、「いま飲んでいるお薬をジェネリックに切り替えて下さい」「このサプリメントであなたの健康は改善します」「あなたにおすすめの保険商品プランがあります」などの通知や広告が随時アップされる。

②　多くの国民は万一の備えとして民間保険に加入する。民間保険会社は加入審査

の際に共通番号のＩＣカードの提示と「どこでもＭＹ病院」へのアクセス権を要求。拒否した場合、民間保険会社は加入手続を中断・終了する。加入審査では、民間保険会社は加入申請者の病歴や受診歴、現在の健康状態などを確認。疾病リスクの高低により加入できる保険商品のランクや保険料を算出する。

③厚生労働省は収集した全国民の医療等情報をもとに、病気ごとの標準的な治療方法や医療費を分析・算出し、公的医療保険制度に反映する。

④医療機関はまず、診察室のパソコンで「地域医療連携ネットワーク」や患者から提示された「どこでもＭＹ病院」にアクセスし、患者の病歴や受診歴、現在の疾病状態などを確認し、③の公的医療制度の範囲で患者の治療にあたる。それ以上の治療が必要な場合は、患者が加入する民間保険を使って治療を継続する。民間保険で治療できる範囲は、患者の契約した保険商品の保障内容によって決まる。当該患者が民間保険に加入していない場合は、治療の実額を請求するか、治療の中断を余儀なくされる。

このように、共通番号と医療ＩＴ戦略の情報連携システムの構築により、公的医療保険制度と民間保険を組み合わせた「日本版マネージドケア」とも呼ぶべき管理医療制度、資本主義医療が完成する。これが政府・経済界が描く医療制度の未来像であり、「医療費抑制と医療産業化」の終着点である。

事実、政府は「社会保障・税の一体改革」により医療費抑制策を推進。２０１２年8月10日に可決・成立した「社会保障制度改革推進法」では社会保障の基本を自助（自己責任）とし、医療費の適正化（抑制）を図るなど、医療費抑制の路線を更に強化している。

また同日に成立した消費税関連法では、消費増税で生まれる財源を「成長戦略」に重点配分する条文が盛り込まれた。奇しくも、法案成立の10日前には新たな成長戦略「日本再生戦略」が閣議決定された。医療分野等の規制緩和を通じて２０２０年までに50兆円規模の市場を創設することが明記。前述の「どこでもＭＹ病院」や「シームレスな地域医療連携」の実現が盛り込まれ、医療情報等の利活用と医療産業化の路線を明確にした。

更には、米国は日本に対し、医療ＩＴ化の促進や医療の市場開放など、年次改革要望書で再三にわたり要求。米国がＴＰＰへの参加を執拗に要求する背景には、非関税障壁の撤廃による日本の保険市場への参入という狙いがある。「医療費抑制と医療産業化」は日本国内の話だけではなく、米国の経済再建という思惑までもが絡んでいる。

すでに医療等情報は使われている

話は少し変わるが、皆さんは自分の医療等情報の一部が、すでに民間企業の経費削減や営業の目的に使われている実態をご存じだろうか。

近年、政府は医療費抑制を目的に、医療機関や調剤薬局が処方する薬を価格の安いジェネリック医薬品（後発医薬品）に切り替える政策を推進している。この一環として、公的医療保険の保険者（大企業の健保組合や市町村等）は、患者（保険加入者）に対してジェネリックへの切り替えを促す通知を送付するという事業を実施している。この通知の送付にはレセプトが利活用されている。

また2011年7月には、大企業の健康保険組合の連合組織である「健康保険組合連合会」の総会において、レセプトデータが製薬会社の営業活動に使われている疑いがあるという趣旨の報告がなされた。

レセプトの記載内容を見れば、患者のセンシティブな個人情報であることに疑いの余地はない。またレセプトの本来の用途は、医療機関や調剤薬局と保険者による医療費の請求、支払い業務にある。これらの実態は、患者の同意もなくレセプト情報を目的外利用していることに他ならず、なし崩しに許容され続ければ「医療費抑制と医療産業化」の路線を後押しすることにもなる。

国民の健康・幸福に寄与する情報活用を

医療のＩＴ化、医療情報の利用のすべてを否定するものではない。事実、医療現場では画像診断や手術等でＩＴ機器が活用され、目覚ましい治療成果を残している。また、多くの医療機関では医療費請求の事務にレセプトコンピュータが使われている。電子カルテは医師の煩雑な書類整備に多いに役立っている。

問題は「目的と使い方」なのだ。医療等情報は、医療技術や医薬品等の開発、日常診療の向上など、国民の健康と幸福に寄与するために使われなければならない。医療者、国民がともに納得できる医療等情報の活用の道を検討していく必要がある。

2 共通番号で課税の公平・公正は実現できるのか？

辻村祥造
ＰＩＪ副代表・税理士

つじむら・しょうぞう　１９５１年大阪市生まれ。61歳。１９８０年に税理士試験に合格し横浜市にて開業する。番号制度とプライバシー問題に興味をもち、現在プライバシー・インターナショナル・ジャパン（ＰＩＪ）副代表。税理士法人シンワ会計社　社員税理士。
主な著作に、石村耕治・辻村祥造監修『こうすれば税理士は生き残れる

クロヨンは悪質なデマである

みなさんは「クロヨン」といった言葉をお聞きになったことはあるだろうか。２０１２年2月26日に横浜で開催された「番号制度シンポジウム」[*1]に私も参加したが、そのなかで峰崎直樹内閣官房参与は、「共通番号を導入すれば、巷で言われているクロヨン問題の解決にもつながる」といった趣旨の説明をした。

この「クロヨン」というのは、各納税者の所得捕捉率の差異を意味する言葉で、給与所得者、事業所得者そして農業所得者の所得捕捉率が、それぞれ9対6対4であるというものだ。そして共通番号を導入することによって、このような所得捕捉

率の差異を解消し、課税の公平・公正を実現できる、という趣旨の説明内容だった。

しかし、このような所得捕捉率に大きな差異があるとは、長年税理士という職業に従事してきた私には信じられない。これほど税金の負担に大きな差があるのであれば、多くの人たちが個人の自営業者（事業所得者）という職業を選択しているはずである。しかし実際はバブル崩壊以降、私の事務所では顧客である個人の自営業者は廃業により減るばかりで、新規の開業者は医師そして中国の人たちを除けば皆無である。まして農業所得者の現状は推して知るべし、である。

所得とは収益から費用をマイナスした差額を意味する。所得捕捉率の差異とは、収益を過少に申告し、また費用を過大に申告することにより発生するが、その所得の差異が9対6にも及ぶようだったら税務署が黙ってはいない。

むしろ給与所得者と事業所得者には税法で規定された課税の方法が異なるため、そこから来ているサラリーマンの方々の不満が大きいと考えられる。そしてこの課税の方法が異なることと、捕捉率の差異との問題を意図的に混同させて、「共通番号を導入すれば課税の公平・公正が実現できる」と峰崎参与は国民に説明しているのだ。

その証左に税務当局は「クロヨン」といった所得捕捉率の差異が存在することを

税理士見聞録・その1』（日本コンピュータ税務研究機構）、石村耕治編『現代税法塾』（共著、清文社）などがある。

＊1 番号制度シンポジウム　政府の番号制度創設推進本部主催で、2012（平成24）年1月の兵庫県を皮切りに、全国47都道府県で「マイナンバーシンポジウム」（2012年4月より、「番号制度シンポジウム」を「マイナンバーシンポジウム」と改称）を開催している。これは、「社

認めたことは一度としてない。そのようななかで政府の責任者が国民に対する説明でこのように「クロヨン」論議を利用することは、共通番号導入を目的として政府が流布する「悪質なデマ」であると言わざるを得ない。

課税の公平・公正は実現できるのか？

政府が実現を目指す「社会保障と税の一体改革」においては、社会保障給付と税負担の公平性を確保することが前提条件となっている。共通番号がそれを実現するための社会的基盤（インフラ）として必須であると位置づけているのだが、共通番号を導入することによってはたして税負担の公平・公正は本当に確保されるのだろうか。

これについて「社会保障・税番号大綱」（政府・与党社会保障改革検討本部、2011年）において「番号制度の限界」として次のように述べている。「例えば、全ての取引や所得を把握し不正申告や不正受給をゼロにすることなどは非現実的であり、また、『番号』を利用しても事業所得や海外資産・取引情報の把握には限界があることについて、国民の理解を得ていく必要がある」。

会保障・税番号制度」の導入には、「国民の皆様の納得と理解」が必要だとして、政府から番号制度について説明するだけではなく、国民と政府の直接対話（「国民対話」）を通じて、国民の意見を聞いて、番号制度づくりに活かしていきたいとの目的からである。

つまり共通番号を導入しても、課税の公平・公正の実現には限界のあることを自ら認めているのだ。

その限界の一つには現在の税法で規定されている多くの「分離課税」という課税制度がある。例えば上場株式の配当を受け取った場合や、その上場株式を譲渡して利益が出た場合には、納税者の選択により10％の課税で済む。また5年以上保有していた土地・建物を譲渡して利益が出た場合には20％の課税で済む。

このような「分離課税」が選択できれば、ほかにどれほど高額な収入があっても、それぞれの低い税率で課税が終了することになり、高額所得者には非常に有利な課税となる。

共通番号は本来納税者のすべての所得を合算して課税をおこなう「総合課税」制度においてその効果を発揮するのであるが、現行の税制には多くの「分離課税」制度が存在し、共通番号の導入による所得捕捉以前の問題として公平・公正な課税の阻害要因となっている。そして政府はこの「分離課税」制度の改廃については何も言及していないのである。

第二に国民のなかには共通番号の導入によって、会社や事業者の全ての取引や所得がガラス張りなるとの誤解がある。会社や事業者の全ての取引を共通番号で把握しようとすれば、卑近な例であるが「スーパーで食料品を買う際に番号を見せなければばならない」とか「子どもが駄菓子屋で菓子を買う際にも番号をみせる必要がある」などといったことになってしまう。これではまともな経済活動はできない。

共通番号の導入によって税務当局が把握できるのは、会社や事業者の取引のうち税法によってその報告が義務付けられている、一定範囲内の限定された取引なのである。

第三に海外における取引については共通番号では把握することはできない。その理由は共通番号の付番対象となるのは住民基本台帳に記録された国民、そして特別永住及び中長期滞在の外国人、さらに国内に本支店を置く法人などであり、その他の外国の個人や法人による取引は把握できないこととなる。

このように共通番号の導入によって課税の公平・公正が実現されるとは言い難い。しかしその一方、税務調査においてはこの共通番号を利用して、他の行政機関が保有する個人情報を利用することが法律上可能となっている。そのため、税務当局は納税者の所得状況に関する情報は当然として、様々な個人情報を収集、利用しながら税務調査を実施することが予想され、納税者は税務当局との関係から一層不利な立場に立たされることが危惧される。

共通番号は民間に公開される番号である

この共通番号を納税の分野において利用するということは、従来の番号と異なり大変に重要な意味を持つ。そのことにつき解説をしたい。

ご自身が税務署に確定申告書を提出している方はすでにご存知と思うが、申告書の右上に8桁の番号を記載する欄がある。申告書が税務署から送付されてくる場合には、すでに番号はプリントされているが、この番号は整理番号と呼ばれ、各税務署単位で納税者に付番して管理をしている。そしてこの整理番号はあくまでも税務署の内部事務に利用している番号である。

しかし今回、共通番号を納税の分野においても利用するということは、共通番号に納税者番号としての役割を同時に持たせるということである。いろいろな番号が出てきて混乱をきたすかも知れないが、次頁の図表1を見ていただきたい。

納税者番号とは、納税者がその勤務先である会社から給与を受け取り、また金融機関、証券会社で口座を開設し、さらに出版社などから原稿料を受け取るなど、各種取引に際して相手先に告知しなければならない番号である。またカードを申請し

図表1　共通番号を納税分野で使用する場合のイメージ図

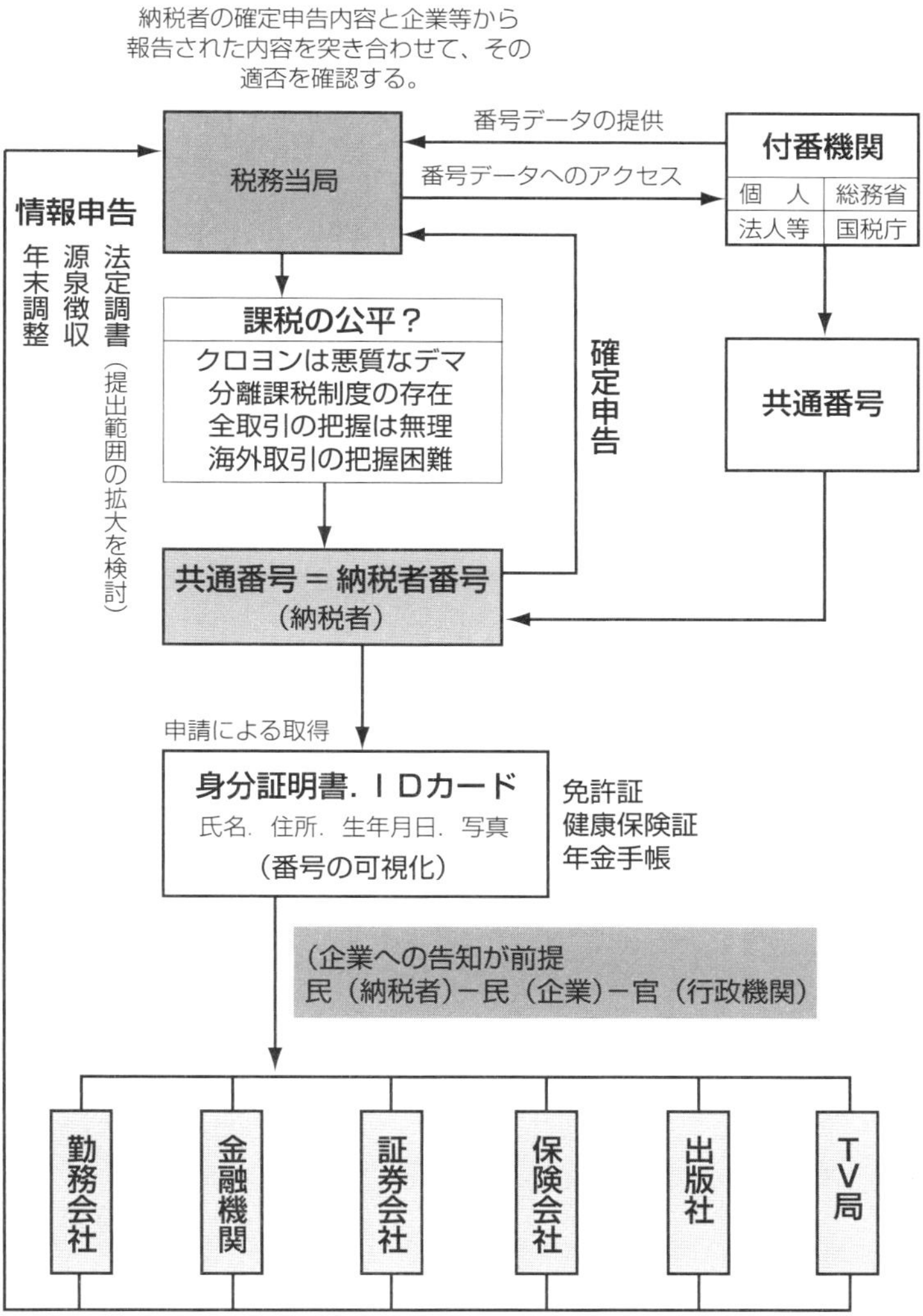
納税者の確定申告内容と企業等から報告された内容を突き合わせて、その適否を確認する。
番号データの提供
番号データへのアクセス
税務当局
付番機関
個　人
総務省
法人等
国税庁
情報申告
法定調書（提出範囲の拡大を検討）
源泉徴収
年末調整
課税の公平？
クロヨンは悪質なデマ
分離課税制度の存在
全取引の把握は無理
海外取引の把握困難
確定申告
共通番号
共通番号＝納税者番号
（納税者）
申請による取得
身分証明書．ＩＤカード
氏名．住所．生年月日．写真
（番号の可視化）
免許証
健康保険証
年金手帳
（企業への告知が前提
民（納税者）－民（企業）－官（行政機関）
勤務会社
金融機関
証券会社
保険会社
出版社
ＴＶ局

て取得していればそこに記載された共通番号（＝納税者番号）を提示することになる。

勤務先である会社や、金融機関、証券会社そして出版社などは、その各種取引情報を告知されたその納税者の共通番号（＝納税者番号）とともに税務当局に情報申告しなければならない。

そして、この情報申告を受け取った税務当局は、納税者本人から提出された確定申告書に記載された内容と情報申告された内容とを、この共通番号（＝納税者番号）をキーにしてマッチング（突合）させ、その適否を確認するのである。もちろんそのマッチングはコンピュータ内部において大量かつ迅速に行われることになる。

納税者番号とはこのように外部に告知することを前提とした番号である。よって共通番号に納税者番号の役割を持たせるということは、共通番号も外部に告知され、その結果、勤務先の会社をはじめ様々な民間企業に公開されることになる。

「社会保障・税番号大綱」において、この共通番号が民（納税者）―民（企業）―官（行政機関）において利用される、としているのはこのような理由による。

しかし、このように共通番号のデータが広く民間企業に保有された場合に、はたしてその管理は大丈夫なのであろうか。民間企業は倒産もすれば廃業もするし、そのような場合に番号データの管理はどのようになるのか。また、この番号データを販売してしまう悪質な業者もいるだろうし、数十万人単位の個人データが企業からハッキングされている現状である。個人番号情報保護委員会[*2]を設けて、また罰則を強化したとしても、共通番号が違法に流出してしまう事態を阻止できるとはとても考えられないのである。

さらにこの共通番号は、いままでの行政分野別の個別番号と異なり、ほとんどすべての行政分野において利用され、また民間においても利用される番号であることから、その利用価値は非常に高い。この共通番号に紐付された様々な個人データが不正に収集・交換・結合され、そして法律枠の外で流通することが充分に予想される。共通番号は行政手続に限定して利用される番号であるが、納税者番号としても利用することでこのような問題が避けられないことをしっかり認識しておく必要があると考える。

共通番号で暮らしはどうなるのか

共通番号で私たちの日々の暮らしはどのように変わるのだろうか。ここでは日常

*2 第一部Q7参照。

の税金にかかわる問題について、Mさん（男性40歳）のフイクション事例をもとに共通番号制導入後の状況を予測してみた。税金にまつわる厳しい現実が待っていたのである。

（Mさんの事例）

Mさんはある年の夏にやっとA製作所に就職が決定した。3年前に勤務していた会社から業績不振を理由に解雇されてから就職が決まらず、時たま入るアルバイトの収入と奥さんのパート収入で何とか生活をしてきた。

A製作所への就職が決まると経理課から早速、税金と社会保険関係の手続をするために共通番号の確認があった。Mさんはカード（住所、氏名、生年月日、顔写真と共通番号が記載されている）を持っているのでそれを提示したが、奥さんを扶養家族として申請すると、経理課員からは「奥さんの共通番号も必要です」と告げられた。早速、携帯電話で奥さんの番号を聞き出し、手続を終えることができた。

「しかし」とMさんは思う。この共通番号がないと就職もできない。以前同じ会社で勤務していた外国人はこの共通番号が取れないため不法就労となり、どこでも雇ってもらえない。またサラ金業者から逃れるために住所不定の同僚も同じ状況に陥っている。

　そのようなことを考えながらA製作所の勤務を続け、その年末には賞与と年末調整還付金で少しまとまった金額を受け取り、ホット一息つくことができた。

　しかし翌年の7月、経理課から呼び出しがあった。急いで出向くと、経理課員はMさんの昨年の申告が間違っていると、税務署から通知のあったことを告げた。詳しく聞くと前年のアルバイト収入が申告されていないという。Mさんは二カ所でアルバイトをして収入があったが、金額が少ないためそのことを経理課に連絡しなかった。

　一方、税務署にはその収入がアルバイト先から情報申告されており、Mさんの共通番号でマッチング（突合）したところ申告されていなかったことが判明した。

　さらに「もう一つ」と経理課員は言いにくそうにいう。「奥さんが扶養家族に該当しないという連絡もありました」。

　この点についても税務署の説明は、奥さんの共通番号でその収入をマッチング（突合）したところ、昨年は135万円のパート収入を得ており、扶養家族の条件（103万円まで）を超えている、というのである。

　確か奥さんに昨年の収入を確認したはずであるが、「大丈夫ヨ」といった返事が

図表 2 共通番号（＝納税者番号）を利用することになると予想される納税関係事務

事務の種類	対象となる収入及び諸控除	番号の告知を受ける者	番号の告知義務者
源泉徴収事務・特別徴収事務	利子等、配当等 給与、賞与 退職金 報酬、料金等	金融機関、証券会社等 雇用する会社、事業者 雇用する会社、事業者 報酬、料金等の支払者 出版社、画廊、TV 局、ラジオ局 球団、中央競馬会、プロダクション、バー・スナック、ホストクラブその他	利子、配当等の受取者 雇用される勤務者 退職金の受給者 作家、画家、作曲家、デザイナー等、弁護士、税理士、司法書士等、スポーツ選手、競馬騎手、モデル、芸能人、講演者、指導者、ホステス等
法定調書提出事務（提出範囲の拡大を検討）	給与、賞与 退職金 報酬、料金等 家賃、地代 不動産等の譲渡対価 不動産等のあっせん手数料	雇用する会社、事業者 雇用する会社、事業者 報酬、料金等の支払者 家賃、地代の支払者 不動産等の譲り受け者 手数料の支払者	雇用される勤務者 退職金の受給者 報酬の受取者 家主、地主等 不動産等の譲渡者 手数料の受取者
年末調整・確定申告	扶養控除、配偶者控除、同特別控除 勤労学生控除 障害者控除 社会保険料控除 小規模企業共済掛金等控除 生命保険料控除 地震保険料控除 寄付金控除 配当控除 住宅借入金等特別控除	雇用する会社、事業者 大学等教育機関 市区町村役場 保険適用事業所（勤務先） 国民年金基金、厚生年金基金 中小企業基盤整備機構 生命保険会社 損害保険会社、農協等 寄附を受けた法人、団体、政党等 証券会社等 金融機関	雇用される勤務者の扶養者 学生 障害者（手帳交付を受ける者） 雇用される勤務者 加入者 共済加入者 保険加入者 保険加入者 控除を受ける寄附者 配当等の受取者 住宅ローンの借入者
上記事務の依頼		税理士	申告事務等の依頼者

あったことを記憶している。それ以上詳しく聞くことは夫婦といっても少し憚られたので、強く確認をすることはしなかった。

結局、Mさんは自分のアルバイト申告の漏れと、奥さんの配偶者控除が否認されたことでかなり痛い追徴税額を取られることになった。

Mさんは思う。確かに正しい申告をしなかったことは悪いが、この共通番号は本当に弱いものイジメだと。株の配当などは申告をしなくて良い、というではないか。

さらにMさんにはもう一つこの共通番号に関する心配事がある。失業中にどうしても生活資金が足りなくなり一時的にサラ金から借りたのであるが、その時に、「本人確認をさせて頂きます」と言われてカードを提示した。その時に、業者は彼のカードをコピーしたのである。そして、彼の共通番号もコピーされてしまったのであるが、本当に悪用されないのか、その心配が頭から離れない。

以上のような場面が想定される。皆さんはどのように感じられるだろうか。

そしてこの共通番号は、税金の分野に限ってもさらに広い範囲で告知が求められることになる。例示すれば以下のような場合にその告知が必要となると予想される。

勤労学生控除を受けるための証明書発行　↓　学生は大学に番号告知

生命保険、地震保険料控除を受ける　↓　加入者が保険会社に番号告知

寄付金控除を受ける　↓　寄附者は寄附を受けた法人、団体等に告知

住宅借入金特別控除を受ける　↓　ローンの借入者は金融機関に告知

詳しくは前掲図表2を参考にしていただきたい。

3　共通番号で社会保障はどうなる？

黒田　充
自治体情報政策研究所代表

はじめに

現在、導入が議論されている共通番号制度（マイナンバー制度）は2009年夏の総選挙において民主党が示したマニフェスト「税と社会保障制度共通の番号制度を導入する」を具体化したものである。

しかしながら、その出自は小泉純一郎内閣における社会保障番号導入構想にまで遡ることができる。当時、新自由主義にもとづく構造改革の一環として、自立・自助と自己責任を基調とする社会保障改革――社会保障費の総抑制と市場化・営利化――が押し進められていた。社会保障番号はそのための道具として位置づけられ、

くろだ・みつる
1958年生まれ。大阪府立大学工学部卒業後、松原市役所就職。その後、退職し立命館大学大学院社会学研究科へ進学、修士号取得。大阪経済大学などで非常勤講師を務める。現在、自治体情報政策研究所代表。主な著作に、『「電子自治体」が暮らしと自治をこう変える』（自治体研究社、2002年）、『Q＆A共通番号　ここが問題』（自治

小泉首相が議長を務める経済財政諮問会議を中心に納税者番号との関係も含め、その導入へ向けた議論が行われていたのだ。これが、今日の共通番号制度の原型であり、出発点なのである。

小泉構造改革と社会保障番号

小泉内閣による構造改革は、国際競争力の強化を合い言葉として、大企業の税・社会保障負担の軽減や規制緩和、労働力の流動化などによる国内高コスト構造の是正、また公的部門やサービスの市場化・営利化などによる新市場・新ビジネスの創設を図るものであった。「国に頼るな」「国をあてにするな」とばかりに自立・自助や自己責任が強調され、社会保障費の総抑制とともに、介護保険の導入や保育の民営化など市場化・営利化が進められていった。

当時、社会保障改革を進めるためのツールとして構想されていたものの一つに「電子私書箱」がある。これは、すべての国民（在留外国人を含む）が自己の社会保障に関わる負担と給付——例えば年金保険料と給付額——をインターネット上に設けられた自分専用のホームページで確認、すなわち損得勘定をするとともに、不

体研究社、2011年）、「住基ネットの正当性と必要性をあらためて問う——金沢地裁違憲判決を巡って」（『都市問題』96巻12号、2005年）

安があれば金融商品などが購入できるというものであった。また、このサービスでは、自己の健康や診療に関わる情報を画面上で確認し、セカンドオピニオンを求めることや民間事業者への健康相談もできるとされていた。まさに、市場化・営利化を前提とした自立・自助、自己責任に基づくシステム――現政権は同様のものを「マイ・ポータル」と称して導入する計画――である。

このようなサービスを実現するには何が必要か。それは国の行政機関、地方自治体、社会保険庁（現、日本年金機構）、健康保険事業者、医療機関、介護保険事業者などが管理するコンピューターに記録されている国民の個人情報を名寄せする仕組みである。そして、こうした名寄せを正確に行うには国民一人一人を識別するためのキーが不可欠であり、社会保障番号は、その役割を果たすものとされていた。

同時に、これまでの国民全体を対象とした社会保障費の削減、すなわち痛みを分かち合う方式に加え、「『真』に支援が必要な人に対して公平な支援を行うことのできる制度を実現する」（骨太の方針２００１）[*1]として給付の重点化・効率化、すなわち給付をすべき者と、そうでない者に仕分ける仕組みの導入も検討されていた。このような仕分けを行うには同様に個人情報の名寄せが必要であり、そのためにも社会保障番号の導入をと考えられていたのである。

＊1　骨太の方針　政府は、2001年から2008年にかけて、毎年6月～7月、内閣総理大臣を議長とする経済財政諮問会議（2001年1月設置、民主党政権発足後に機能停止）の答申に基づき経済政策・財政政策に関する基本方針を最終的に閣議決定していた。

こうした構想は、その背景にある考え方とともに、社会保障費の抑制と給付の重点化による歳出削減と消費税増税を「社会保障と税の一体改革」として進める民主党政権へと引き継がれた。

番号制度導入を継承した民主党政権

1　共通番号制度は小泉時代に遡る

共通番号法案（マイナンバー法案）が国会上程された3日後の2012年2月17日、消費税を10％に引き上げるなどとする「社会保障・税一体改革大綱」が閣議決定された。同大綱のもととなったのは2011年7月に閣議決定された「社会保障・税一体改革成案」である。成案には番号制度は「真に手を差し伸べるべき人に対する社会保障を充実させ、効率的かつ適切に提供することを目的に導入を目指すもの」と書かれていた。

小泉時代の「骨太の方針2001」と瓜二つであるが、もともと民主党のマニフェスト自体に、「真に支援の必要な人を政府が的確に把握し、その人に合った必要な支援を適時・適切に提供すると同時に、不要あるいは過度な社会保障の給付を

「骨太の方針」は、その基本方針の通称である。2001年6月に答申された基本方針は、当時の内閣総理大臣・小泉純一郎が、「聖域なき構造改革」とともにキャッチフレーズ的に使用したことで有名である。その後も歴代の内閣は、この通称を使った。最初の2001年版には、①郵政民営化、②公共事業費削減、③不良債権問題の抜本的解決、など小泉政権の重要施策が盛り込まれていた。

回避する」ために共通番号の導入を目指すとうたわれていたのである。自民・公明の連立政権と民主党政権に、少なくとも社会保障の改革方向については大きな違いはなかったのだ。だからこそ共通番号制度を評価するには、小泉内閣の時代にまで遡る必要があるのだ。

2　厄介者の仕分け

当然のことだが、「真に手を差し伸べるべき人」がいるなら、「手を差し伸べるべきではない人」もいることになる。では、それは誰のことであろうか。

介護保険の導入など社会保障の保険化が進められるもとで、社会保障を憲法に基づく国家の義務、国民の権利から切り離し、個人レベルでの損得勘定で見る、すなわち社会保障を「市場で売買される商品の一種」と見なす傾向が強まっている。先に紹介した電子私書箱構想もこうした考えに基づくものである。また、最近、マスコミなどを通じて広がりを見せている年金給付をめぐる「世代間格差論」[*2]なども、その典型であろう。

社会保障を商品のように見なし、損得勘定で見る考え方が、これまで以上に国民の間に広がって行くとどうなるか。保険料だけでなく税をも含めた負担よりも、給

＊2　現在の高齢者は現役時の保険料を大きく上回る給付を得ている。一方、現在の現役世代が将来得られる給付は負担を大きく下回る見込みだ。だから現役世代は損だとする考え方。

付や受けているサービスの方が大きいと思われる者、例えば、生活保護受給者、高額療養者、障害者、母子家庭、高齢者などは、社会に過度な負担をかける「厄介者」と見なされることになるのではないか。昨今の生活保護受給者とその親族に対するバッシングの有様を見れば、こうした危惧は決して絵空事ではないであろう。

もっとも厄介者の仕分けは、負担と給付の額を単純に天秤にかけることでは収まらない。近年、就労活動をしない生活保護受給者への給付打ち切りや、メタボ健診の受診率が低い健康保険組合に対し高齢者医療への負担金を増やそうという話などが取りざたされている。こうした状況から考えれば、厄介者の仕分けに際しては、給付が生じた原因はもちろん、給付による生活改善の状況や、社会貢献の可能性をも考慮されることになると見るべきであろう。

こうした厄介者と「真に手を差し伸べるべき人」とを仕分ける、すなわち国民一人ひとりを値踏みし選別するのに必要なもの、それは先にも述べた通り一人ひとりについての詳細な個人情報の名寄せであり、そのためのキーとしての共通番号なのである。

政府・与党社会保障改革検討本部が[*3]2011年1月に決定した「社会保障・税に関わる番号制度についての基本方針」は、番号制度が目指す社会として「より公

＊3　政府・与党社会保障改革検討本部は、社会保障改革の全体像について政府・与党が一体となって、必要とされるサービスの水準・内容を含め、国民に分かり易い選択肢を提示するとともに、その財源の確保について一体的に議論する必要があるとして内閣総理大臣を本部長として、2010年10月に設置された。

平・公正な社会」「社会保障がきめ細やか且つ的確に行われる社会」などをあげている。しかしながら、ここでいう「公平・公正」とはあくまでも、損得勘定――損得〝感情〟とした方がある意味合っているかも知れない――に沿ったものであり、「きめ細やか且つ的確」とは社会保障費の削減を目的とした国民の選別なのである。

共通番号で何が実現されるのか

1 総合合算制度、マイ・ポータルの実現?

政府は、共通番号で具体的に何が実現できるのかを「社会保障・税番号大綱」（2011年6月、政府・与党社会保障改革検討本部決定）において明らかにした。社会保障の分野では、例えば医療・介護・保育・障害に関する自己負担の合計額に上限を設定する「総合合算制度」を導入するとしている。共通番号を使って自己負担額の名寄せを世帯単位で行い、上限額を超えた分については還付するのだ。実現すれば国民の負担は軽減されるであろうから共通番号を導入すべきとなるかも知れない。[*4] しかし、こんな甘言に騙されてはならない。民主党政権の方針は社会保障費の削減である。自己負担額に上限を設ければ社会保障費は、減らずに逆に増えて

*4 現在、医療と介護に関する自己負担額の年間の合計額（世帯単位）が高額になる場合、申請に基づき、所定の自己負担限度額を超える額を支給する「高額医療・高額介護合算療養費制度」が、共通番号制度（マイナンバー制度）とはかかわりなく2008年度から実施されている。

しまう。自己負担額ではなく、むしろ給付額を合算し、これが上限を超えれば給付をカットする方向へと進むと考えるのが、これまでの流れからして正しい見方ではないだろうか。

また、大綱は先にも述べたマイ・ポータル（いつでも自宅のパソコン等から自分の各種社会保険料や、医療や介護、保育等のサービスを受けた際に支払った費用等が確認できる）のサービスや、年金手帳・医療保険証・介護保険証等の機能を一つのカードにまとめることも、共通番号によって実現できるとしている。しかし、これらは総合合算制度も含め今回の共通番号法案には一切盛り込まれていない。

2　役所への申請・届出の書類が省ける程度

では、共通番号法案には何ができると書かれているのかというと、社会保障や税、防災分野等において、国の行政機関や地方自治体などが共通番号を利用する事務の範囲、例えばハローワーク等の事務や、医療保険等の保険料の徴収などにおける手続、福祉分野の給付や生活保護の実施など低所得者対策の事務等に共通番号を利用できることなどである。これを国民の側から見ればどうなるか。それは、行政機関などへの申請や届出等の際に、いくつかの添付書類が省けるなどといった詰まるところその程度のものなのだ。

政府のいう「あれもできる、これもできる」は、今のところ具体性を欠いた「絵に描いた餅」程度のお話に過ぎない。政府自身も、大綱で示した「できること」には「中長期的に想定されるものを含む」としている始末なのである（政府主催の「マイナンバーシンポジウム」で配付された政府の説明資料）。

3　年金の不正受給は防げるか

最近、本人が死亡しているにもかかわらず家族等が生存を装って年金を不正に受け取り続ける事件がいくつか発覚している。こうした不正は、共通番号制度によって防げるのではないかとする向きもある。しかし、死亡した事実が死亡届として市役所に出されれば、住民基本台帳ネットワーク（住基ネット）を活用して年金給付は自動的に停止されるようになっている。事件となっているのは、遺体の放置や隠蔽などをして死亡届を行っていない悪質ケースである。こうしたケースでは、生存情報を住基ネットから受け取る共通番号制度ではどうすることもできない。

そこで、「共通番号を使って介護保険や医療保険の利用情報を名寄せし生存確認に活用する」という考え方が出て来る。生きていれば保険を利用するだろう、が全く使われていないようだと怪しいというわけだ。しかしながら、死亡届を怠ってまで不正受給をしようというごくごく少数の者を見つけ出すために、全ての年金受給者の介護や医療に関わるセンシティブなプライバシー情報を名寄せすることは、はたして正当と言えるのだろうか。また合理的なのだろうか。

番号制度がもたらす社会

1　「生きるに値しない命」と経費の削減

まだ自公政権であった時期だが、鹿児島大学大学院の伊藤周平教授は、構造改革路線への批判の中で「相応の健康維持の努力をせずに病気になったような人には、保険適用をすべきでないという議論や、痴呆の高齢者の治療を否定するような新たな優生思想の台頭ともいえるような議論までもが展開されて」おり、こうした「想像力の欠知にもとづく優生思想が権力と結びつけば、障害者や高齢者の組織的抹殺をもまねくことは、ナチスの例が証明している」と述べている（『構造改革』と社会保障』萌文社、2002年）。ここでいうナチスの例とは、今から七十数年前のドイツにおいて、ヒトラーの命令により精神障害者（児）や身体障害者、福祉施設入所者、結核患者、労働不能者など数十万人が「生きるに値しない命」としてガス室や薬物注射などで抹殺された一連の作戦（！）のことである。

この作戦に影響を与えたとされるのは、ドイツの刑法学者ピンディングと精神科医ホッヘが1920年に著した『生きるに値しない命を終わらせるための行為の解禁』[*5]である。この中でホッヘは「これらのお荷物連中（引用者注：重度知的障害者など）に必要とされる経費があらゆる面で正当なものであるのかという問題は、過去の豊かな時代には差し迫ったものではなかった。しかしいまや事情が変わったから、我々はそれに真剣に取り組まざるをえない」と述べている。

当時のドイツは第一次世界大戦での敗北と、それに続く経済危機に見舞われていた。ホッヘは、その克服のためには、お荷物連中にかかる経費の削減が必要不可欠だと考えていたのだ。その後台頭したナチス・ドイツは、ホッヘらの考え方を受け継ぎ、アーリア人国家として民族の生存競争に打ち勝つためとして、精神障害者（児）などを生きるに値しない命と見なし排除したのである。

2　社会保障制度からの排除

一方、現代の日本はどうか。財政危機を克服し国際競争力を強化することで、グ

*5　ホッヘらによる同書は、日本では訳者である佐野誠・奈良教育大学教授らによる評注を加えた『「生きるに値しない命」とは誰のことか』（窓社、2001年）として刊行されている。

ローバル競争に打ち勝つことが国家目標として位置づけられている。そのためには社会保障費の削減が不可欠であり、「手を差し伸べるべきではない人」の排除が目論まれているのだ。かつてのドイツと現代日本に共通する言葉は、国家（民族）間の「競争」である。

とは言うものの筆者は、共通番号制度が導入されたからといって日本にガス室が出現するなどとは微塵も思っていない。危惧しているのは、そうしたある意味わかりやすい「ストレートな死」ではない。厚生労働省が２０１１年５月から地方自治体の代表者らと進めている「生活保護制度に関する国と地方の協議」は、同年12月に「中間とりまとめ」を行った。そこには、生活保護費削減策の一つとして、求職者支援制度による職業訓練を受講することが適当と判断されたにもかかわらず合理的な理由なく受講しない者に対して、保護の停廃止も検討することが盛り込まれている。将来的には、職業訓練の受講状況だけでなく、共通番号を使って得られた個人情報——生育・学業・職業・疾病・投薬等の生活歴、障害の有無・程度、家族状況、日々の生活態度など——から、給付の判断を政府が財政的思惑などから決めた基準に従って自動的に行うことも、おそらく可能となるであろう。

共通番号を使って集約される個人情報が拡大され、国民の仕分けがより精織に行われるようになれば、「手を差し伸べるべきではない」と見なされた者には、余命の短縮という形での死がもたらされることになる。それはガス室によってではなく、生活保護の打ち切りや、健康保険・医療・介護・福祉・年金といった社会保障制度からの排除や、受給制限によってである。*6

おわりに

マイナンバー制度の導入の是非を考える際には、どれだけ国民は便利になるのか、行政の合理化にはどうつながるのかといった面だけではなく、それが政策として出されてきた経緯や背景を見ることが必要であろう。そして、それが社会保障に何をもたらそうとしているのか、また、そもそも社会保障とは何かにまで立ち帰って検討する必要もあるのではないだろうか。

ところで、橋下徹・大阪市長率いる「維新の会」が大きな注目を集めている。彼らは、国政進出を見据えた基本政策として「維新八策」を明らかにしている。八策は「日本再生のためのグレートリセット」などとしているが、その中身は、例えば社会保障の分野では「真の弱者支援に徹し持続可能な制度へ」として「受益と負担

*6　政府主催の「番号制度シンポジウム」（2011年5月、東京）において基調提起を行った田中直毅・国際公共政策研究センター理事長は、「お金が使われた後、一人一人の生存日数を考えたときに、末期医療に使っている保険制度を通じての支出は、どういう意味があるのかという点については広く国民的に議論する以外にないところまで来て」

の明確化」「社会保障給付費の合理化・効率化」をあげるなど、小泉内閣をはじめとする自公政権や、現政権が進めて来た新自由主義的な政策の焼き直しに過ぎない。
番号制度については、「財政・行政・政治改革」の項の基本方針として「国民総背番号制の導入」を掲げるとともに、「社会保障制度改革」の年金の項で「高齢者はフローの所得と資産で先ずは生活維持（自助）」、「国民総背番号制で所得・資産（フロー・ストック）を完全把握」としている。説明が付けられていないので、その意味するところはよく分からないが、番号制度で所得や資産の状況を把握し、年金給付に制限をかけようというのだろう。万が一、維新が政権に係わるようなことになれば、自立・自助、自己責任による社会保障制度の解体と、そのための番号制度の導入がより一層進むことになるのは、まず間違いないであろう。

いると、命とコストを天秤に掛ける議論の必要性を説いている。なお、同センターの会長は経団連元会長の奥田碩氏であり、小泉元首相が顧問を務めている。

第3部
共通番号制度の目指す社会とは？

1　住基ネットから共通番号制度へ、どこが違い、どこが問題か

白石　孝
反住基ネット連絡会

住基ネットと共通番号制度の仕組み――「社会保障・税番号大綱」から

２０１１年6月30日、政府・与党社会保障改革検討本部は「社会保障・税番号大綱」（以下、「大綱」と略す）を発表した。これに先立つ２０１０年2月8日、国家戦略室に「社会保障・税に関わる番号制度に関する検討会」が設置され、同年6月29日「中間取りまとめ」を発表、それをふまえ同年11月11日に「社会保障・税に関わる番号制度に関する実務検討会」が設置されている。さらには２０１１年1月31日に、前出検討本部が「基本方針」を決定した。

しらいし・たかし
１９５０年東京都生まれ。前荒川区職員労働組合書記長、ＮＰＯ法人官製ワーキングプア研究会理事長、プライバシー・アクション代表、反住基ネット連絡会事務局。主な著作に、『知っていますか？個人情報と人権』（解放出版社、２００３年）、『なくそう！官製ワーキングプア』（共著、日本評論社、２０１１年）、『共通番号制なん

経過の詳細は省略するが、このような政府及び民主党のやりとりをふまえ、まとめられたのが「大綱」である。これは以降の法案策定作業に向けた政府及び与党としての方向性を表したものとして、重要な位置を占めており、共通番号制度の基本的な方向を示していると理解し、そこから今回の番号制度について解説する。

「大綱（概要）」の「3・番号制度に必要な3つの仕組み」で、番号制度の基本的な方向を説明しているので、まずはその全文を引用する。

> 「**付番**」　新たに国民一人ひとりに、唯一無二の、民─民─官で利用可能な、見える「番号」を最新の住所情報と関連づけて付番する仕組み
>
> 「**情報連携**」　複数の機関において、それぞれの機関ごとに「番号」やそれ以外の番号を付して管理している同一人の情報を紐付し、紐付けられた情報を活用する仕組み
>
> 「**本人確認**」　個人や法人が「番号」を利用する際、利用者が「番号」の持ち主であることを証明するための本人確認（公的認証）の仕組み

概要にはわずかこれだけが記述されているが、ここに今回の共通番号制度を説明

ていらない！』（共著、航思社、2012年）などがある。

するエキスが詰め込まれている。そこで、一つひとつ説明しよう。

まずは「付番」についてだ。

○**「新たに」**とは、住基ネットに替り、新しい番号制度を導入するということを意味する。

○**「国民一人ひとりに」**と書かれているが、より正確には次のようになる。今年(2012年)7月9日から外国人登録法が廃止、改定住基法・改定入管法が施行され、特別永住および3カ月以上滞在する中長期在留外国人が、これまでは日本国籍者のみを対象にしていた住民基本台帳制度に組み込まれ、外国人住民基本台帳が作成された。これにより住民票コードが付けられ、時期はずれるが住基カードの発行対象にもなった。したがって、「正規滞在」の外国人も共通番号制度の対象にもなるので、「国民+正規滞在の外国人一人ひとりに」が正確な表現である。

○**「唯一無二の」**は、住民票コードと同様、重複した番号は一切発行、付番しないことを意味している。逆に言うと、共通番号としては同一人に複数の番号を与えることもない。

○**「民―民―官で利用可能な」**の最初の「民」は「本人」。二つ目の「民」は、

「雇用主」や「金融機関」「医療機関」「介護事業者」など広範な民間事業者が利用対象に加えられている。最後の「官」は公共機関を指し、共通番号を利用する省庁は広範囲に及ぶ。国税庁をはじめ厚生労働省関係、自治体、さらには日本年金機構なども対象になる。

○「**見える『番号』**」は、まさに読んで字のごとくだが、「見える」だけでなく「見せる」番号にもなる。これは後記する「本人確認」とも重なる。

○「**最新の住所情報と関連付けて**」ということは、共通番号制度導入に替えて住基ネットを廃止するのではなく、住基ネットの基本4情報（氏名、住所、生年月日、性別）と連携したシステムにすることを意味している。つまり、住基ネットと新たな共通番号制度とは密接不可分な関係になる。

つぎは「情報連携」

○「**複数の機関において**」は、最初から多くの機関、例えば国税庁（税務署）、日本年金機構、自治体国保、健康保険組合、後期高齢者医療広域連合など「社会保障・税の一体改革」であげられている分野（マイナンバー法案で列挙）を指す。

○「**それぞれの機関ごとに『番号』やそれ以外の番号を付して管理している**」と

は、国税庁では「国税総合管理＝ＫＳＫ」システムで使用されている整理番号、日本年金機構では「基礎年金番号」、健保組合では「医療保険番号」、介護では「介護保険番号」というように、それぞれの機関独自に付けている番号がたくさんあり、これまでだと、それらの個別分野の番号が相互につながってはいなかった。

○**「同一人の情報を紐付けし、紐付けられた情報を活用する仕組み」**とは、税、年金、健康保険、介護保険などが個別番号になっていて、その人の情報もバラバラになっているものを同一人のものと名寄せ、連携させることである。そのために、その人固有の番号を付け、その番号に個別の番号を連動させる。

そういった仕組みにするということだ。

最後は「本人確認」

○**「個人や法人が『番号』を利用する際、利用者が『番号』の持ち主であることを証明するための本人確認の仕組み」**これは、番号カードを保有することを意味する。カードの券面には、氏名、住所、生年月日、共通番号、顔写真などが表示（見える）される。マイナンバー法案では、「申請により発行」となっているが、転居・転入時に自治体窓口で、あるいは雇用主や金融機関に提示すること、とされているので、実質的にいずれは全員が番号カードの所有者となる。

大綱本文では、「券面に基本4情報及び顔写真が記載され、公的個人認証サービスを標準搭載し、『番号』をICチップに記録したICカードを現行の住民基本台帳カードを改良の上、国民に交付し、対面での本人確認やオンラインでの認証に活用することが考えられる」「ICカードの交付方法については、その交付対象者が当該対象者であることを確認し、かつ、交付対象者に確実に交付されるよう法令で規定し、成りすまし防止を徹底する必要があると考えられる」としている。

住基ネットと共通番号──どう違うのか

住民票コードなど個別の番号制度と共通番号制度とが決定的に違うことを正しく理解をしている人はほとんどいない。

「番号制度があれば便利だ」というが、共通番号は、他の個別番号とはまるで別の「魔物」である。それを説明する前に、住基ネットとマイナンバー法案＝共通番号制度との違いを、前項と多少重なるが解説する。

○付番、管理の主体が国になる　住基ネットは実質的に国が住民基本台帳法を乗っ取ったのだが、形式的には自治体の長が責任を持って管理運営する「自治事務」だった。実際、東京の国立市や福島県矢祭町の「接続せず」が成り立っていたわけである。しかし、マイナンバー法案では明確に「法定受託事務*」と位置付けており（58条）、国による国民・外国人管理が決定的に強められる。また、住基ネットでは「住民票コードは、市町村へ申し出ることにより変更できます」となっているが、共通番号ではなりすまし被害等の明確な理由がない限り、原則「不変」となっている。

○民間による利用を前提としている　２００２年8月5日の住基ネット稼働を前にして、総務省及び住民基本台帳ネットワークシステム推進協議会が、周知用のパンフレットを数種類発行しているが、そこには明確に「住民票コードを民間が使用することは、法律で禁止されています」「民間企業が住基ネットを利用して、国民の4情報を取得することはありません」と記載されている。一方、共通番号は、当初から民間利用を前提としていることが、決定的に異なる。大綱（概要）では、「H３０年を目途に利用範囲の拡大を含めた番号法の見直しを引き続き検討」とまで記載している。

○見える番号になる　住基ネットでは住民票コードは「見えない、見せない」番号だったが、共通番号では「見える、見せる」番号が必須の要件となっている。

＊法定受託事務（ほうていじゅたくじむ）　都道府県など地方自治体が処理する事務のうち、国または都道府県が法令によって自治体に委託する事務のこと。国が本来行うべき事務を都道府県・市町村・特別区が受託する第1号法定受託事務と、都道府県が本来行うべき事務を市町村・特別区が受託する第2号法定受託事務に分類される。国政選挙・戸籍・旅券交付、生活保護などの事務は第1号法定受託

さらに見逃せないのは、番号を相手方に告知する際、口頭で告げるだけでなく、番号を表記した番号カードを提示することが求められていることだ。番号が見えるか見えないかは、番号が広まり、広範囲に利用されることに繋がり、決定的に大きな違いである。

○情報連携が主たる目的とすれば、最高裁判決にも反する　住基ネットは違憲だという全国各地での訴訟は、２００８年3月6日の最高裁判決などで不本意だが終結した。しかし、その判決理由は、データマッチングや民間利用を前提としないから合憲というものだった、それが共通番号では一変している。

大綱本文には以下の記載がある。「番号制度の構築に当たっては、住基ネットに係る最高裁合憲判決（中略）の趣旨を十分踏まえる必要がある。同判決の趣旨を踏まえれば、番号制度は、①何人も個人に関する情報をみだりに第三者に開示又は公表されない自由を有すること、②個人情報を一元的に管理することができる機関又は主体が存在しないこと、③管理・利用等が法令等の根拠に基づき、正当な行政目的の範囲内で行われるものであること、④システム上、情報が容易に漏えいする具体的な危険がないこと、⑤目的外利用又は秘密の漏えい等は、懲戒処分又は刑罰をもって禁止されていること、⑥第三者機関等の設置により、個人情報の適切な取扱

事務、都道府県議会選挙・知事選挙に関わる事務などは第2号法定受託事務にあたる。２０００（平成12）年の地方自治法改正により機関委任事務が廃止され、地方自治体の事務は法定受託事務と自治事務に再編された。

いを担保するための制度的措置を講じていること等の要件を備える必要がある」。

さらに「したがって、上記の要件を充足するため、それぞれ下記のとおりの制度設計を行うこととする。(中略)②については、ⓐ情報連携の対象となる個人情報につき情報保有機関のデータベースによる分散管理とし、ⓑ情報連携基盤においては、『民—民—官』で広く利用される『番号』を情報連携の手段として直接用いず、当該個人を特定するための情報連携基盤等及び情報保有機関のみで用いる符号を用いることとし、ⓒ更に当該符号を『番号』から推測できないような措置を講じる」。実にわかりにくい表現だが、要は個人情報を一カ所に集約して管理しない、見える共通番号以外の見えない「符号」を新たに付けてそれで連携させるということのようだ。人に見える共通番号、見えない符号、そして見えない・見せない住民票コードの3つが付けられることになる。

番号制度の根本的な目的を住基ネットから共通番号制度で180度転換させることに対し、見える番号を用いて情報連携をしないから、最高裁判例違反にはならない、という詭弁を使うことに驚きを禁じ得ない。要は「技術」の話しではなく、制度の目的そのものの是非にこそあるのではないか。

○見える番号を象徴する番号カードの発行

前項でも触れたが、見える・見せ

る番号にすることは、いかなる法的制限を課したとしても、番号がひとり歩きすることに繋がる。

法案では「申請により交付」としているが、転居や転入など住所移動の手続の際には番号を伝えるだけでなくカードを提示しなければならない（12条）。また、金融機関での口座開設などの際の本人確認、就職する際の番号提示、医療機関での受診なども同様だ。任意取得のカードというのは建前で、日常生活上必須の場面が多くあり、数年の後には多くの人がカード所持者となる。住基カードの発行率が10年間で5％程度にしか到達できなかったのは、本人確認手段が運転免許証やパスポートをはじめ、保険証など多岐にわたり、住基カードが必須とされていなかったからに他ならない。それでも、全く見えない住民票コードとは異なり、可視化されている住基カードは、他人名義でのカードローン利用や未成年が成人と偽って就職するなどの「なりすまし犯罪」への利用対象になったわけで、ほぼ全員が所持することになる番号カードを発行することの危険性ははかり知れない。また、本人確認手段となることで、警察官などによる職務質問などに使用されることも将来は考えられる。改訂入管法による特別永住者証明書や在留カードは、常時携帯となっている（前者は常時携帯ではないが、提示義務がある）ので、番号カードもいつそうなるとは限らない。

何が問題か

1　管理、民間への開放、警察への提供

以上で見てきたように、共通番号制度は、問題である住基ネットとも各段に異なるマンモス番号制度になる。最も重要なのは、「国家による国民と外国人を管理する権限」が強められることである。

次が、番号を民間にも開放することだ。それも「情報連携基盤」として、個別分野の番号制度と繋がることである。そうなると、共通番号の利用価値は飛躍的に高まる。現在、例えば配達される郵便が不在だった時、郵便局に受取りに行くと、「お手数ですが、本人確認の書類をお見せください」と言われ、免許証やパスポートを提示する。それを局員がメモするが、かといってそれらの番号が普及することにはならない。金融機関で口座を開設する時の本人確認でも、その番号がひとり歩きすることはまず考えられない。しかし、どこでもいつでも同じ番号を使うことは、番号に大きな利用価値を持たせることになるが、それが万一漏れた場合、取り返し

がつかないプライバシー情報の大量流出につながる。

一方、民間開放だけでなく、公共機関内での利用に限定したとしても問題は多い。法案では例外規定に「公益上の必要」（17条1項13号）と謳い、その判断は政令に委ねられる。政令は国会事項ではなく閣議決定であり、そこで「公益上」を判断するということは、初めから例外とされて規制されない「捜査上」とも重なれば、「公共の安全・安心」が拡大解釈され、職務質問や個人情報の警察等への提供が義務化、合法化されることにもなる。

2　番号制度から排除される人々

次は、番号制度から排除、除外される人びとという問題がある。番号は住民票コードの付番対象者、つまり住民登録（外国人も含む）をその根拠とするので、住民登録されていない人びとは、制度そのものの対象にはならない。住民票がない人とはどんな人か。ＤＶ被害者、多重債務者、野宿者、さらには改訂入管法の施行により「非正規滞在者」とされた人たちなどだろう。

２０１２年４月に来日、講演を行ったカナダのデイヴィッド・ライアン教授は「社会的振り分け」が行われる、と鋭く指摘したが、まさにこの場合は最初に国家による振り分けが行われ、そして社会全体での振り分けへと拡がっていく。

さらに、『マイナンバーは監視の番号』（緑風出版、２０１２年）で、原田富弘は「しかし『住民票コードの付番対象者』と『負担・給付の対象者』は一致しません」と言及し、「社会保障・税の一体改革」で「真に手をさしのべる」と強調されていることに批判を加えている。

「たとえば住基ネット開始以前から海外に居住している年金受給者には基礎年金番号はありますが住民票コードは付番されていません」というケース、また「外国人でも（略）オーバーステイの人は、現在は外国人登録されていても法改定後は住民登録がされませんが、労災保険や厚生年金、母子保健や医療費助成など様々なサービスの対象者です」というように、仔細に見ていくと、住基ネットそのものが抱えていた矛盾に上乗せし、共通番号制度が「社会的振り分け」を前提とし、さらにはそれを助長する人権侵害の制度であることを指摘できる。

共通番号制度、改訂入管法・外国人住民票制度、そして法案化が検討されている秘密保全法を合わせると、「日本の人口を構成する一人ひとりを識別し、集めた情報によって振り分け。等級づけし、その等級に応じて権利の実現を抑制しようと」（小笠原みどり「部落解放」２０１２年８月号）する国家、社会が出現するのだ。

2 在留管理制度の転換と「共通番号」制度

全人口を識別し振り分ける日本

西邑 亨
反住基ネット連絡会

「新たな在留管理制度」の創設

共通番号法案（マイナンバー法案）の国会審議日程がまだ話題にもならなかった2012年7月9日、日本に在留する外国人の生活を過去60年間強く規制してきた「外国人登録法」が廃止され、その機能の多くが改定入管法・改定入管特例法に「新たな在留管理制度」として吸収された。市町村はこの日以降、廃止された外国人登録原票に代わって、改定住基台帳法による「外国人住民票」[*1]を、外国人住民（90日を超えて在留する中長期在留者など）の「住所地の公証」として参照してい

にしむら・とおる
フリーライター／テクニカルライター。反住基ネット連絡会スタッフ・入管法対策会議メンバー。主な著作に『地域住民と自治体のための住基ネット・セキュリティ入門』（共著、七つ森書館、2004年）などがある。

＊1 「外国人住民票」は、「外国人のカテゴリー情

る。１年後の２０１３年７月までには、「住民票コード」が「外国人住民」にも付番され、住基ネットによる「本人確認情報」の通知・提供も始まる。[*2]このことは同時に、外国人住民もまた「共通番号」制度の対象となることを予告するものだ。「在日の管理」（日本の旧植民地出身者とその子孫のコントロール）という伝統的な在留管理制度の目的は後景に退き、欧米で先行する多文化多民族社会のコントロール（移民政策）をともかくも意識した「新たな在留管理制度」が、この日スタートした。

多文化多民族社会のコントロール（移民政策）への転換圧力

この在留管理制度の転換の要因は、３つくらいあるだろう。

第１は、在留外国人に占める「在日」の数が大幅に減少していること。国籍別外国人登録者数を見ると、多国籍化が進み「韓国・朝鮮」は減少を続けてきた。２００７年には外国人登録総数に対する比率で「中国」が「韓国・朝鮮」を抜いて１位となり、現在では「中国」33％に対して「韓国・朝鮮」26％にとどまっている。[*3]敗戦後の混乱と朝鮮戦争の時代に形成された伝統的な在留管理制度は、とっくに政

報」（在留資格・在留期間・国籍など）をふくむなど、「住民票」とは一部書式が異なる。

＊2　２０１３年７月には、外国人住民への「住基カード」の発行も始まる。

＊3　法務省入管局「登録外国人統計統計表」

策的合理性を失っていたのである。

　第2は、日本における低賃金労働力の国内供給源（農耕地域の人口）が、早い時期に枯渇していたこと。1980年代にはすでに、「安価な労働力」として多数の非正規滞在者（在留資格を持たない外国人）が就労していた。その後現在まで、1次産業分野を含めて外国人労働者の就労は一般化しつつある。*4

　2005年に日本社会は人口減少期に入り、国民経済の縮小を危機としてとらえる産業政策・経済政策・人口政策ないし社会福祉政策からの「移民」受け容れの圧力も強まっていた。

　第3の要因は、いわゆるグローバリゼーションの深化の中で、「アメリカ型の在留管理手法」（「テロとの戦争」の手法でもあるのだが）を同盟国として採用するという外交方針だ。「日本版US-VISIT」*5の導入は記憶に新しい。

　この手法の導入は実のところ「移民国家アメリカ」の社会的特性とその統治手法を導入しようとすることを意味しているので、導入されるのは「国家による管理のための監視（surveillance）」の手法に限定されていない。「管理（control）としての監視」は「介助（care）としての監視」と分かちがたく重ね合わされるからだ。

　言い換えればこれは、「サービスの提供」のために本人から提供を受けた個人情

http://www.moj.go.jp/housei/toukei/toukei_ichiran_touroku.html 。

*4　早くから外国人労働者を組織してきた全統一労働組合の鳥井一平は、低賃金労働力が政策的に「非正規滞在者、日系人、研修生」という順番で供給されてきた歴史について指摘している。鳥井「「労働者としての権利」を剥奪する改定法」（2012年7月）http://www.repacp.org/aacp/report/ 。

報を、他の多様な目的に転用（活用）するという、高度情報化社会／高度消費社会ではすでにごくあたりまえになっているマーケティングの手法が、行政のレベルでは在留管理政策分野でまず先行して導入されることを意味している。

とはいえ、「転用（活用）」される個人情報の多くは、後述するように、法務省入管局以外の行政機関などが自治体や民間機関を通じて、あるいは本人から直接収集し運用しているものだ。つまり個人情報の収集目的が管理（control）であるか介助（care）であるかとは無関係に、「日本版US-VISIT」の導入は、縦割り行政の「壁」を超えて個人情報が共有されることを意味している。

「外国人の管理」のネットワーク

今回に限らず「入管法の改定」を、伝統的な社会運動は「外国人の管理強化」と理解してきた。実際、数年前の「日本版US-VISIT」導入までこの理解は有効だったはずだ。だが今回の大きな政策転換を「管理強化」だけで理解することは必ずしも適切とは言えないだろう。

むろん外国人の「管理」はゆるめられたわけではなく、本質的変化は何もないと

＊5　行政レベルでは「J-BIS」とも呼ばれる。2007年11月以降、日本に入国する外国人から指紋・顔写真（生体情報）を強制的に収集している制度。アメリカで「テロリストの発見」を名目として導入された「US-VISIT」と連携している。US-VISITは「既存の多数のシステム」を相互に接続した「システムのシステム」だといわれ、そこでは在留管理以外の目的で収集された多数の個人情報が広範囲に再収集・結合されている。

図1-1　在留管理のための外国人個人情報の収集・共有

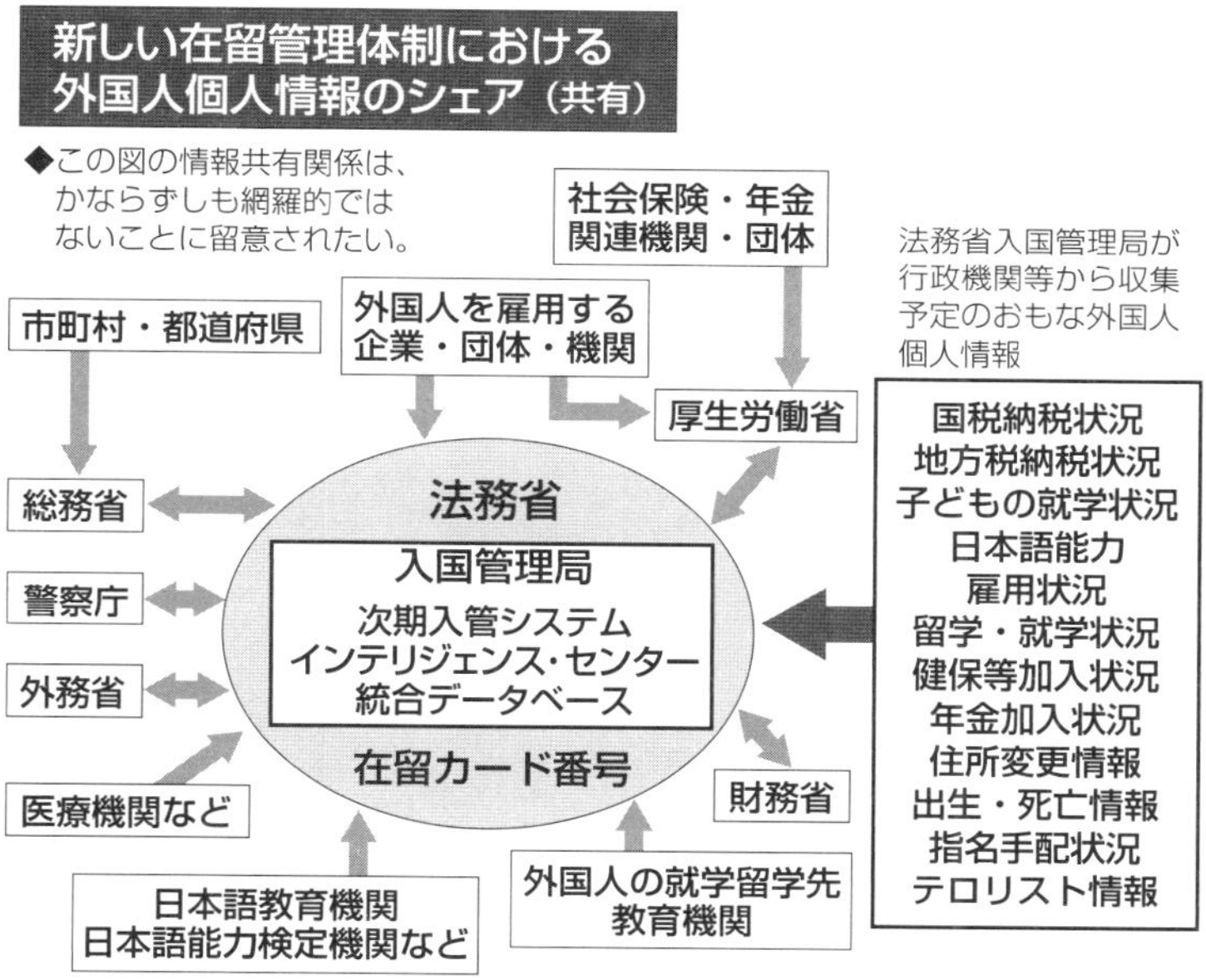

資料：規制改革会議「3か年計画」2007.6.22
　　　法務省「入国管理業務の業務・システム最適化計画」2006.3.30　など

もいえる。[*6] しかし外国人（中長期在留者）の多くは、「住民として認められた」、「外国人でも世帯主になれる」として「歓迎」している。「在留カード」があまりにも「プライバシー侵害的」であるため、日常的な身分証明書としては「住基カードを利用する」と語る外国人も多い。

図1―1は、日本版US-VISIT導入反対運動の中で、NG

＊6　ここに見られる、伝統的な制度の本質を形式として残しながらまったく新しい社会状況に適応しようとする政治手法は、戸籍制度の歴史と同じだ。西邑「世界の中の『改定入管法・改定住基法』戸籍制度の変化を考える」社会運動2012年1月＝2月号（vol・382＝383）。

図1-2
「在留カード番号」などによる外国人情報の相互利用ネットワーク

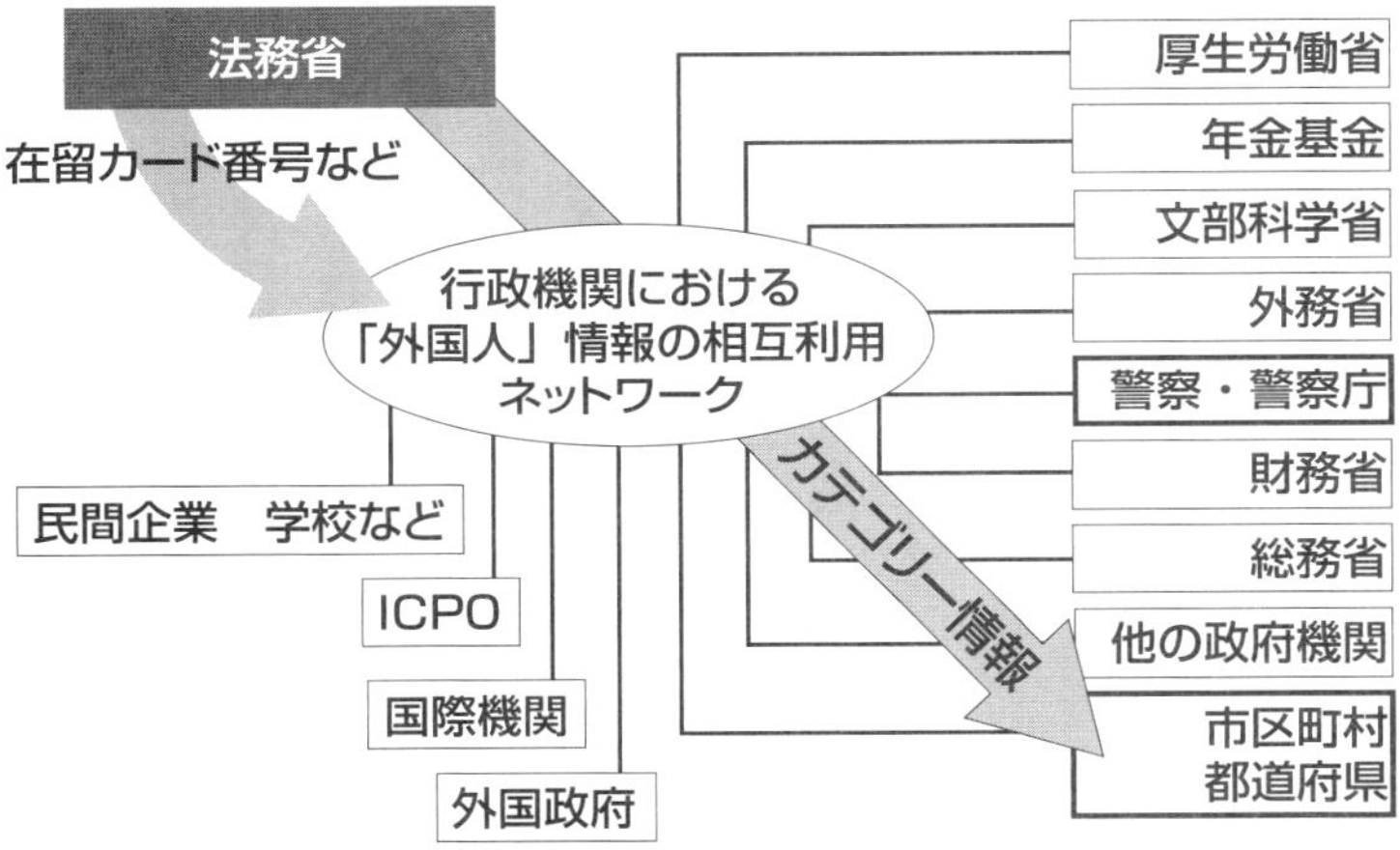

〇の入管法対策会議が作成した、「新たな在留管理制度」における外国人個人情報の収集・共有のイメージである。

図の右枠内に、収集・共有される外国人の主要な個人情報が列挙されているが、「日本語能力」など外国人特有の項目を除けば、これらは従来から、主要に行政サービスの提供を目的として市町村や国の機関が収集・運用しているものだ。日本人について、こうした個人情報の広範な「結合」は行われていない。しかし外国人に対しては、その広範な結合を法的に要求してき

図2

「共通番号」による
個人情報の相互利用ネットワーク

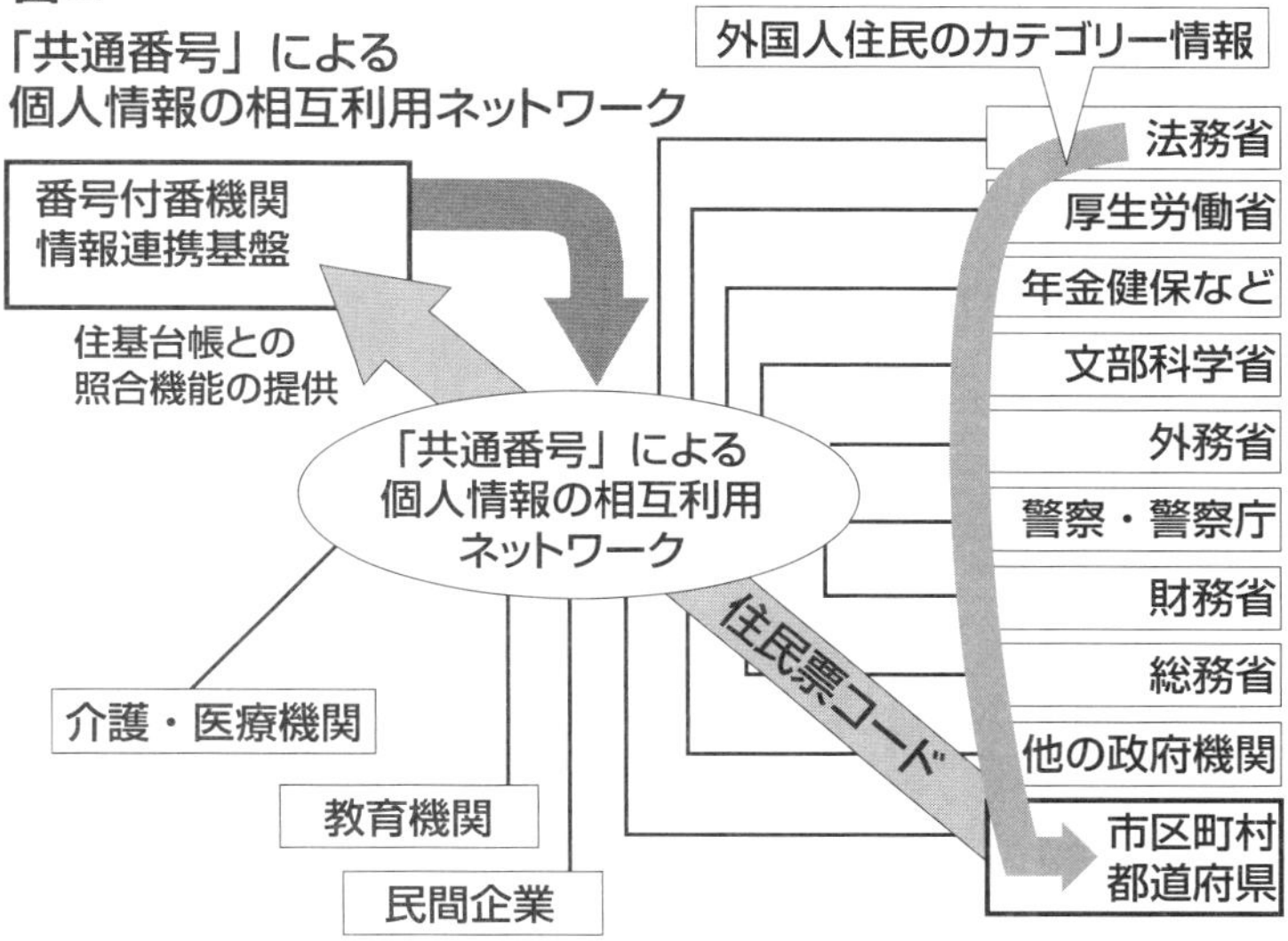

た。それが、特に2000年代後半以降急速に整備されてきた「入管システム最適化計画」による「外国人の管理のネットワーク」である。

ここで収集・共有される情報は、「在留カード番号」などで個人を識別した個人情報だが、このほか法務省入管局は入管行政固有の個人情報（在留情報）を保有している。ここには、在留資格・在留期間、国籍など、日本人の「戸籍」に相当する「法的身分」の記録が含まれ、市町村に外国人の「カテゴリー情報」として通知される（図1

―2参照)。現在では多くの日本人にとって、「戸籍（身分情報）」はあまり「日常的」ではないが、[*7]「在留情報（身分情報）」はさまざまな入管法上の義務・禁止・罰則などの規定を通じて、外国人の日常生活に強い影響を及ぼしている。

むろん、市町村を含む各行政機関もまた、それぞれの行政事務固有の外国人の個人情報を保有し、個別法の規定に応じて相互協力的に収集・共有している。

今回の政策転換は、一方でこの、「在留管理のための個人情報システム」をより高度化し、効率化すること（政府部内では「入管システム最適化計画」と呼ばれている）を意味している。

全人口を「識別」する

これに対して図2は「共通番号のネットワーク」[*8]の構想である（西邑作成）。図1−2とともよく似た構成になっているが、まったく別のネットワークである。

ここで個人の識別に使用されるのは、住民票コードから生成される「共通番号」（マイナンバー）であり、ネットワークの主要な目的のひとつは「行政サービスの提供」、つまり「介助としての監視」である。そして、このネットワークで把握さ

＊7　「戸籍に記録されていない日本人」など、戸籍のために「日常」が強く規制され権利侵害が起きている日本人は確実にいる。

＊8　この構想は、「個人情報を一元的に管理することができる機関又は主体が存在しない」という要求仕様を満たすように設計されている。

れる地域住民には、「外国人住民」を含む日本の「全人口」が想定されている。

前述の外国人たちが「歓迎」したのは、この「共通番号のネットワーク」に関わる部分、つまり、(「管理のための監視」と分かちがたく重ね合わされているとはいえ)「行政サービス提供」の対象とされる地域住民——外国人にまで拡張された「住民」概念にほかならない。

「日本人なみに近づく」という側面を、今回の「新たな在留管理制度」は確かに持っている。その意味を小笠原みどりは最近の論文のタイトルで、きわめて端的にこう指摘していた——「全人口を識別し、振り分けよ!」[*9]。

全人口を「振り分ける」

くり返しになるが、「外国人の管理」は「在留カード番号」以前の「外国人登録証番号」の時代に、すでに高度化されていた。[*10] 今回の政策転換にともなう「全人口の識別」は、「社会的振り分け」によって、この高度化されている「管理のあり方」自体を、本質的な変化・拡張に導くものだといえるだろう。

「社会的振り分け」(social sorting)ということばは、D・ライアンが「監視スタ

*9 小笠原みどり「全人口を識別し、振り分けよ」部落解放2012年8月号64頁。

*10 外国人に対する現在の「管理としての監視」について、入管法対策会議のスライド集が多くの情報を提供している。URLは前掲注3注と同じ。また、同じWebサイトにある入管法対策会議編「外国人のための改定入管法Q&A」も参照されたい。

ディーズ」、「膨張する監視社会」[*11]などで議論してきたことばだ。「個人の識別」をした監視の装置は、次に、その個人を「カテゴリー」にもとづいてグループに「振り分ける」。「日本人／外国人」、「嫡出子／非嫡出子」などはその初歩的なカテゴリーの例だが、カテゴリーは無数にあり、日々新たに作られてもいる。

そして「振り分け」られた個人は、グループごとに「異なる（差別的な）サービス」を提供され、あるいはサービスの対象から除外されるだろう。「社会的振り分け」は、このようにして個人情報の保有者・運用者がより大きな利益（収益あるいは法益）を獲得することを目的とする技術だ。

「例外」というカテゴリー（排除の制度化）

「社会的振り分け」のカテゴリーを考えるとき、最初に意識しておかなければならないのは「カテゴリーを持たない」というカテゴリー――「例外」についてだ。

ある地域住民に「戸籍に記録されていない日本人」または「在留資格を持たない外国人」（非正規滞在者・難民申請者など）というカテゴリーが付与された場合、住民票は作られず（あるいは消除され）「共通番号」も生成されない（あるいは無

*11　D・ライアン『監視スタディーズ』（小笠原みどり・田島泰彦訳、岩波書店、2011年）。『膨張する監視社会』（田畑暁生訳、青土社、2010年）。ただし、後者は「社会的整序」の訳語を採用している。

効化される)。この地域住民は「行政サービス」から「見えなく」される。

この「見えない人間」問題については、その人権侵害性の強さのために、改定住基台帳法付則23条が救済措置の検討と実施を政府に求めている。しかし国による現実的な措置はなにもとられていない。

「付与」されるカテゴリー

入管法は従来から、24種の詳細にわたる「在留資格」と3カ月から「永住」までの在留期間を、「カテゴリー」として外国人に付与し、労働権の制限、社会保障の適用範囲の制限など外国人の差別的な人権状況を正当化してきた。

日本人に対する伝統的な「社会的振り分け」も、戸籍上の法的身分(カテゴリー)によって正当化されている。「国家による監視」で適用される「カテゴリー」の大部分は、「国家」の利益(法益)を最大にするために、「国家」が創りだし「国家」が個人に付与するものである。

「発見」されるカテゴリー

これに対して、「共通番号」の運用に参加しようと期待する民間企業などは、すでに、大規模に集積した「識別された個人の記録」を統計処理することで、毎日新たな「カテゴリー」を「発見」し続けている。その結果は、「あなたがいまいちばん読みたい本」や「あなたのためにアレンジした、すてきなデートコース」から「あなたの生涯設計」まで、多種多様な「便利なサービス」として、すでに「あなた」も受け取っているはずだ。[*12]

しかし、カテゴリーを発見するのも、サービスの内容を決めるのも、あなたの利益を決めるのも、「あなた」ではない。それは、個人情報を保有し運用する側の利益を最大にするように決定される。だけどたしかにそれは、「便利でお気に入りのサービス」なのだ。

「共通番号」制度のもとでも、行政と公共サービス事業者は同様の「カテゴリーの発見」と「サービスの提供」を行うだろう。「健康増進法」にもとづいて受けた「あなた」のメタボ検診の結果から、「あなたにぴったりの健康増進プラン」が自動

＊12　民間におけるマーケティング技術の一分野として発達してきた「監視（surveillance）」の手法については、すでに多くの報告がある。さしあたり、E・パリサー『閉じこもるインターネット』（井口耕二訳、

的に提供されるというわけだ。

「生存」の制度化

ここにはどんな問題があるのだろうか？

「健康増進法」によって「健康」を義務とされている「あなた」は、「あなたにぴったりの健康増進プラン」を受け入れることによって「制度化」されるはずだ。「あなた」の生存のあり方は、あなたにとって制度になり、あなたの生存は「日本社会」から承認される。

現在「外国人労働者」に適用されている「高度人材ポイント制[*13]」は、実質的に、若年の日本人労働者に求められている「キャリア」と同じものだ（ハローワークはこうした情報を、「ジョブ・カード」としてすでに収集・運用している）。たとえば「高いコミュニケーション能力を持っていること」、「国家資格を2つ以上持っていること」、「大学院卒であること」、「特定の技能職・研究職の経験が長いこと」、「年収600万円以上であること」……、一定以上のポイントを獲得した「高度人材」は、日本人であれ外国人であれ社会的・行政的に優遇される。こうした生存の承認

早川書房、2012年）、あるいは鈴木謙介『ウェッブ社会の思想』（NHK出版、2007年）などを参照。

＊13　白石勝己「監視される〝高度人材〟留学生」スライド12。URLは前掲注3と同じ。

と制度化はすでに深化している。

提供された「公的なサービス」を受け容れ続けなければ、あなたが日本人であれ外国人であれ、社会からの承認をしだいに失い、あなたの生存はより強い規制を受けるだろう。そして最後には、「例外」に転がり落ちる。あなたはそれを、なんとしても避けなければならない。

これが、「日本版US-VISIT」導入以降の日本、共通番号によって「全人口を識別し振り分ける日本」である。

3 共通番号制度と秘密保全法はどう関係あるのか

瀬川宏貴
弁護士

はじめに

政府は、共通番号制度の立法化と同時に、秘密保全法の制定を進めている。この動きは、何を意味するのか。

本書でこれまで述べられているとおり、共通番号制度により、様々な個人情報が国に集約され、国民の監視が強まるおそれがある。さらに、秘密保全法により、政府が国民に知らせたくない情報（たとえば、「原発事故」の秘密情報など）を隠すことができることになる。２つの法制度により監視国家・秘密国家が実現するといっても過言ではない。ここでは、秘密保全法の概要を紹介するとともに、国家機

せがわ・ひろき
１９８０年、茨城県生まれ。早稲田大学法学部卒業、金沢大学法務研究科修了。司法研修所第60期修了。２００７年、弁護士登録（第二東京弁護士会）。２０１１年より自由法曹団事務局次長。

関による国民監視の一例として、自衛隊情報保全隊による国民監視裁判をご紹介する。

秘密保全法とは何か

1　秘密保全法制定の動き

２０１０年11月に尖閣諸島沖での中国漁船と海上保安庁巡視船の衝突映像がインターネット上へ流出したことを契機に、秘密保全法制定の動きが浮上した。２０１１年1月に「秘密保全のための法制の在り方に関する有識者会議」が設置され、同年8月8日、この有識者会議が「秘密保全のための法制の在り方について（報告書）」を政府に提出した。これを受けて、政府は、同年10月7日、２０１２年通常国会に「秘密保全に関する法制の整備のための法案」（秘密保全法案）を提出すること、有識者会議報告を「十分に尊重」して法案化作業を行うことを表明した。２０１２年通常国会には法案は提出されなかったものの政府は秘密保全法の成立をあきらめていない。

2　国民の目から様々な情報を隠し「知る権利」を侵害する秘密保全法

上記の有識者会議報告書から秘密保全法の内容が分かる。

秘密保全法は、①国の安全、②外交、③公共の安全及び秩序の維持の3分野について、国が秘密と指定することができるとしている。

ここでまず問題なのは秘密と指定できる対象範囲が広範であることである。①の国の安全に関して自衛隊の活動がほとんど秘密とされるおそれがあるし、②の外交に関してはＴＰＰ交渉に関する事項などが秘密とされるおそれがある。③の公共の安全及び秩序の維持についても対象範囲が不明確で、原発事故など様々な情報が隠されるおそれがある。

次に問題なのが、情報を有する国家機関自身がどの情報を秘密とするかを決められることである。その秘密の指定が適切かを第三者がチェックする機会はない。そのため、国が国民に知られると不都合だと考えるあらゆる情報を国民の目から隠すことが可能となる。

そもそも主権者である私たち国民には、国の情報を知る権利がある。「知る権利」が適正に保障されず必要な情報が国民に伝わらないと、国民が選挙権を行使する際などに適切な判断をすることができず民主主義が破壊されることになる。したがって、「知る権利」は憲法上の重要な権利として国民に保障されていると考えられている。秘密保全法はこのように重要な国民の「知る権利」を侵害するものである。

3 国民のあらゆる行為を処罰の対象にして秘密を保護

秘密保全法では、秘密の漏えいなどを幅広く処罰するとしている。処罰すべき行為として、故意に秘密を漏えいする行為だけでなく、過失による漏えい行為も挙げている。誤って他人に情報を漏らしてしまった場合や管理不十分で他人に情報を知られてしまった場合など、不注意による場合にも重い刑事罰にさらされることになる。その上、処罰されるのは、秘密を管理する公務員だけでなく、秘密を仕事上知ることになる様々な分野で働く労働者、技術者、経営者なども含む。さらに、漏えい行為だけでなく、未遂行為、共謀行為、独立教唆行為、扇動行為も処罰の対象としている。

また、秘密を扱う公務員や業者だけでなく、国民全体が処罰対象となる「特定取得行為」も処罰するとしている。これは、犯罪行為や犯罪に至らないまでも社会通念上是認できない行為を手段として秘密情報を取得した者を処罰するものである。しかし、社会通念上是認できない行為というのは極めて曖昧かつ抽象的で、一体どのような行為が社会通念上是認できないのか一義的に明確ではない。そのため社会通念上是認できないとしてマスコミ関係者の取材活動やＮＰＯなどによる情報の取得に対して処罰を科すことが可能となる。しかもこの特定取得行為についても未遂行為、共謀行為、独立教唆行為、扇動行為も処罰の対象としている。

有識者報告書は、これらの処罰対象行為の罰則を10年以下の懲役という重罰にすることも考えられるとし、重罰をもって国民に知られると不都合な情報を隠すことを可能としている。

4　秘密保全法でも国民の情報を収集する――適性評価制度

秘密保全法では、「適性評価制度」を創設するとしている。適性評価制度（セキュリティ・クリアランス）とは、秘密情報を取り扱わせようとする者（対象者）について、日ごろの行いや取り巻く環境を調査し、対象者自身が秘密を漏えいするリスクや、対象者が外部からの漏えいの働きかけに応ずるリスクの程度を評価することにより、秘密情報を取り扱う適性を有するかを判断する制度である。適性評価制度の調査対象となる人は、行政機関等や民間事業者等において秘密を取り扱う者全てである。調査事項としては、①人定事項、②学歴・職歴、③我が国の利益を害する活動（暴力的な政府転覆活動、外国情報機関による情報収集活動、テロリズム等）への関与、④外国への渡航歴、⑤犯罪歴、⑥懲戒処分歴、⑦信用状態、⑧薬物・アルコールの影響、⑨精神の問題に係る通院歴、⑩秘密情報の取扱いに係る非違歴などとなっている。このように多数の国民のセンシティブ情報を含む幅広い個人情報が国に収集されることになる。

また、対象者の配偶者など対象者の身近にあって対象者の行動に影響を与え得る者についても、人定事項、信用状態や外国への渡航歴等を調査するとなっており、対象者の親族、友人、知人など無限の国民の個人情報が調査されることになる。

このようにこれらの情報が行政機関・警察によって収集・利用されること自体、重大なプライバシー侵害であり、これらの情報が共通番号により他の情報と一体として管理され、行政機関・警察によって目的外利用されたり（例えば公安警察によるスパイ工作などの治安対策）、外部に漏えいされる危険もある。

適性評価制度を導入しているアメリカでは、適性評価の約9割を実施する連邦人事局の年間調査件数が年間約２００万件となっている。これを人口比であてはめると、日本の年間調査件数は約93万件となる。１件の調査で対象者のほか関係者１名のみを調査すると控えめに仮定しても、５年間では９３０万人もの国民がプライバシーを侵害され、国に個人情報が収集されることになる。

自衛隊情報保全隊による国民監視裁判

1　自衛隊による国民監視

次に国による国民監視の実例として、陸上自衛隊情報保全隊による国民監視裁判を紹介する。

陸上自衛隊の情報保全隊という部隊が、2003年から2007年にかけてイラクへの自衛隊派兵に反対する国民の行動を組織的に監視し、個人の情報を収集していたことが、日本共産党が入手した自衛隊の内部文書により発覚した。そこで、2007年10月に東北6県の107名の原告が監視行為の差止めと慰謝料の支払いを求めて仙台地裁に提訴した。

この自衛隊の内部文書には、イラクに自衛隊を派兵することが大きな社会問題になった2003年末から2004年2月にかけて、イラクへの自衛隊派兵に反対する全国の団体や市民の集会、デモなど様々な行動を組織的、系統的、日常的に監視して収集した個人の実名や職業、所属政党などの個人情報が詳細に記載されていた。

監視対象は、平和団体・護憲団体・女性団体など市民団体や国会議員、地方議員、マスコミ、弁護士会、著名な映画監督など広範囲に及んでいた。またイラク派兵と関係のない、成人式での憲法9条のチラシの配布や小林多喜二展、増税反対など様々な市民活動が監視対象となっていた。情報保全隊はこれらの活動を「イラク自衛隊派遣に対する国内勢力の反対動向」、「反対自衛隊活動」と呼んでいた。自衛隊が国民を敵視して国民を監視していたことはこれらの呼称からも分かる。

2　2012年3月26日仙台地裁判決

この裁判で、原告は、自衛隊の監視活動はプライバシー権、監視されない自由、肖像権、思想・良心の自由、国民の知る権利、報道の自由、平和的生存権を侵害する違憲行為であると主張した。また自衛隊の監視行為には法令上の根拠がなく行政機関個人情報保護法に反する違法行為であると主張した。さらに、自衛隊の監視行為は戦前の憲兵政治[*1]を復活させる危険な行為であり、基本的人権保障や民主主義・立憲主義に反する重大な侵害行為、国家的不法行為であると主張した。

これに対し被告国は、異常な訴訟活動を行った。通常、裁判では、被告は原告の主張する事実を認めるか認めないかの認否を明らかにしなければならないのであるが、

＊1　憲兵政治
憲兵は、1881（明治14）年に創設され、陸軍大臣の管轄に属した兵。本来は、軍人・軍属に対する風紀、規律の取締りを任務としていたが、しだいに権限を拡大し、一般民衆の思想調査や政治活動に対する弾圧など治安対策の役割を担うことになった。このような憲兵が強権を振るった一種の恐怖政治のことを憲兵政治という。憲兵は第二次大戦後に解体された。詳しくは、纐纈厚『憲兵政治――監視と恫喝の時代』

この裁判で国は、内部文書を自衛隊が作成したか、原告個々人に対する監視活動をおこなったかの認否を一貫して拒否し続けた。

提訴から約4年半経った2012年3月26日、仙台地方裁判所第2民事部は、自衛隊の国民監視行為の存在を認め、5名の原告に対する監視行為を違法として慰謝料の支払いを命じる判決を出した（これに対して国側は控訴）。

判決では、内部文書を自衛隊が作成したことを認定し、自衛隊が国民の監視行動を行い、原告のうち5名の個人情報を収集及び保有していたことを認定している。その上で、次のように述べて自衛隊の監視行為を違法と判断している。

「一般に、行政機関は、個人情報（生存する個人に関する情報であって、当該情報に含まれる氏名、生年月日その他の記述等により特定の個人を識別することができるものをいう。行政機関保有個人情報保護法2条2項参照。以下同じ。）を保有するに当たっては、法令の定める所掌事務を遂行するため必要な場合に限り、かつ、その利用の目的をできる限り特定し、特定された利用目的の達成に必要な範囲を超えてはならず、利用目的を変更する場合には変更前の利用目的と相当の関連性を有すると合理的に認められる範囲を超えてはならないとの義務を負っているほか（同法3条）、行政機関が本人から直接書面等に記録された当該本人の個人情報を取得

（新日本出版社、2008年）を参照。

するときは、生命身体等の保護のため緊急に必要があるとき等所定の場合を除き、あらかじめ本人に対し、その利用目的を明示しなければならず（同法4条）、また、何人も、自己を本人とする個人情報につき、行政機関により適法に取得されたものでないとき、行政機関により同法3条2項に違反して保有されたとき等所定の場合には、当該個人情報の利用の停止又は消去を請求することができるとされている（同法36条）。

こうした点を考慮すれば、遅くとも行政機関保有個人情報保護法が制定された平成15年5月30日までには、自己の個人情報を正当な目的や必要性によらず収集あるいは保有されないという意味での自己の個人情報をコントロールする権利は、法的に保護に値する利益として確立し、これが行政機関によって違法に侵害された場合には、国（被告）は、そのことにより個人に生じた損害を賠償すべきに至ったと解される」。

そして、被告国が個人情報収集保有していることを認定できる5人の原告に関し、被告国は、個人情報の収集・保有の行政上の目的、必要性その他適法性を基礎付ける具体的な事由を何ら主張していないから、被告国の行った行為は違法とみるほかないと判断した。

3　判決の意義

この判決の意義は、第1に自衛隊が法令上の根拠なく違法に国民を監視し、情報を収集・保有していたことを明確に認定した点である。

自衛隊の違法な国民監視が白日の下に晒された意義は非常に大きいと思う。この裁判は、2012（平成24）年8月現在、仙台高裁で争われているが、被告国は従来の主張を変更し、内部文書を自衛隊が作成したか、原告個々人に対する監視活動を行ったかという点について、監視行為を認めるものではなく、また、公務の秘密に関する事項に当るものであることからも認否もできないと前置きした上で、この点に関する仙台地裁の判決の認定については、不服の申立ての対象としないとした。つまり、監視活動を行ったことも国自身も争わないということである。第2に、判決が自己情報コントロール権[*2]を権利として認めた点に意義がある。

監視国家・秘密国家を許してはならない

前述したように、主権者である私たち国民には、国の有する情報を知る権利がある。したがって、国の情報は広く国民に開示されなければならない。一方で私たち

＊2　自己の個人情報を正当な目的や必要性によらず収集あるいは保有されない権利

国民は、プライバシー権、自己情報コントロール権を有し、憲法13条に基づき、国家権力から私生活上の行動について、承諾なく、つきまとわれたり、監視されたり、情報を採取されたり、記録されたりしない自由を有している。これが憲法の予定する国の在り方である。

ところが、共通番号制度や秘密保全法が目指す国家は、国の情報は国民に知らせない、国民の情報は国が収集して国民を監視するというものである。たとえば、原発に関する情報公開を求めても秘密保全法による秘密の指定があることを理由に開示が拒否されることが予想される。一方、自衛隊が共通番号により集約されている個人情報を違法に取得して国民監視に利用したり、自衛隊や警察機関が適性評価制度を根拠に自衛官や警察官の親族知人などの国民の個人情報を無断で収集することなどが考えられる。

このような秘密国家・監視国家を許してはならない。憲法の予定する国の在り方を実現するため、共通番号制度、秘密保全法を認めてはならない。

4

言葉の変調

番号制度に反対から賛成へと転じるメディア

小笠原みどり
ジャーナリスト

おがさわら・みどり　元朝日新聞社会部記者。カナダ・クイーンズ大学修士課程修了。主な著作に『世界中のひまわり姫へ――未来をひらく女性差別撤廃条約』（ポプラ社）、『路上に自由を――監視カメラ徹底批判』（共著、インパクト出版会）、訳書にD・ライアン『監視スタディーズ』（共訳、岩波書店）などがある。

国家が番号によって個人をいつどこにいても識別し、個人情報を引き出して利用するという共通番号制度の骨格は、１９６０年代後半から「国民総背番号制」として提唱されてきた。この政財界を中心とする夢が長年実現されずにきたのは、それ以上の世論の強い反対があったからだ。新聞やテレビのマスメディアも総じて制度の問題点を指摘し、批判してきた。国民一人ひとりに初めて一元的な番号をふった住民基本台帳ネットワーク（住基ネット）が稼働した２００２年にも大半のメディアが反対し、「利便に比べ、悪用される危険はあまりにも大きい」として「８月施行は凍結せよ」（2002年6月14日付朝日新聞）と強く求めた。

2008年に住基ネットを合憲とする最高裁判決が出た際も、番号制への懐疑は変わらなかった（写真1）。原告団の調査では、社説で取り上げた27紙のうち24紙が判決を否定的に評価した。「万能のお墨付きではない」（2008年3月7日付毎日新聞）、「個人が透視される怖さ」（同日付中日新聞）、「説得力乏しい合憲判決」（同年3月8日付京都新聞）、「『合憲』でも不安は消えない」（同年3月9日付徳島新聞）と批判が大勢を占め、判決を支持したのは読売新聞、日本経済新聞、産経新聞だけだった。

だが、翌2009年に民主党を中心とする連立政権が成立し、「社会保障と税の一体改革」から共通番号制度が提案されると、個人情報保護を訴えていたはずの全国紙は賛成へと転じた。住基ネットと同様の仕組みで、住基ネットよりはるかに国家や企業が個人情報を広く利用するシステムに対してである。賛否が分からない、どちらでもいい、といったあいまいな態度ではない。明確な推進へと転換したのだ。

この章では、メディアが番号制度に反対から賛成へ転じたことを新聞の社説をとおして検証する。* そこには独自の取材や確認を怠って政府発表を右から左へと流し、個人の立場から統治者の立場へと軸足を移した新聞の姿があり、メディアと権力と

＊この章は、同一筆者による本書第4部の韓国報告と同様、『共通番号制（マイナンバー）なんていらない！　――監視社会への対抗と個人情報保護のために』（航思社、2012年）の第4章を下敷きに、できる限り重複を避けて、最新データを主体にして書かれている。ここで書かれた以外の経緯については、同書を参照されたい。

写真1
朝日、毎日をはじめ新聞の大半が、国民に初めて一元的に番号をふった住民基本台帳ネットワークに反対していた。2008年3月に最高裁が「データマッチングはしないのでプライバシーに対する危険はない」として合憲判決を出すと、これを批判する多くの社説が掲載された。

の境界線が溶けていく風景がある。この転換は政権交代と軌を一にしているが、実は住基ネットから共通番号制度への10年の間に進行したメディアの価値観の変節に根ざしている。国家と資本が個人を管理することは悪しきものから良きものへと変わった。あまりに軽やかな言葉の変調とともに。

賛成一色の全国紙

「行政手続きにおける特定の個人を識別するための番号の利用等に関する法律」案が国会に提出された2012年2月、全国の新聞は一斉にこの重要法案に関する社説を掲載した。「個人識別番号法案」（毎日新聞）、「共通番号制度法案」（朝日新聞）、「マイナンバー法案」（読売新聞）とそれぞれ、この長い名前の法案のどこを強調するかで微妙に異なる略称を用いながら、全国紙の主張は早期実現で一致していた。

住基ネット導入時から一貫して番号制度を支持してきた読売新聞の主張「きめ細かな福祉に欠かせない」（20日付）は、政府以上に必要性を断定する。「納税や社会保障の複雑な情報を結びつけ、きめ細かな福祉政策を実現するには、国民一人ひとりが固有の番号を持つ必要がある。それは超少子高齢時代の要請と言えよう」とうむをいわさぬ書き出しで、「自公政権で打ち出された構想とほとんど同じであり、必要性は与野党の大半が認めている」と国会の「大政翼賛」状態を気にする様子もない。が、民主党が野党時代に住基ネット廃止法案を4度提出したことや、国会外で続いてきた市民の反発には触れない。産経新聞も「課税適正化へ早期成立を」（16日付）と普段の民主党政権批判を小休止し、「自営業者らも含め国民の所得を正確に捕捉し、公平な税徴収とメリハリのある社会保障給付を実現するには不可欠な制度だ」と国家の権限強化に拍手を送る。「不可欠」かどうかは、他の国々や社会保障の専門家に取材すれば異論が出るはずだが、「欧米では既に広く利用されており」と述べ、政府の発表資料に依拠しているだけのようだ（本書第4部5韓国ルポ冒頭を参照）。

日本経済新聞は、銀行や保険会社など識別番号と個人情報を一刻も早く利用したい企業を代弁して「『役立つ番号制度』の原点を忘れていないか」（26日付）と政府をせっついた。「医療情報は除外するし、金融取引にも活用しない」「民間の利用を当面、認めないのも問題だ」と、個人情報保護に多少でも配慮して法案に設けられたごく緩いたがですら、早く撤廃しろとけしかける。15日付の記事「国民負担・受益明確に」では、「政府は消費増税に伴う低所得者対策として『給付付き税額控除』の導入を予定しているが、これも共通番号が条件」と、やはり政府の嘘をリピートしている。

住基ネットに反対してきた新聞はこう歯切れよくはいかないが、似たような論調だ。毎日新聞「与野党でよりよい案に」(19日付)は、「他の先進国では同様の番号制度が普及しており、必要なものではあるが、日本ではほとんど知られていない」とまたも政府の発表を事実のように書き、「国会で審議の時間を十分確保し、利便性、信頼性の高い制度に仕上げてもらいたい」と議員任せにした。15日付の記事でも日経同様、「『給付付き税額控除』も、番号制度導入が前提となる」と解説しているから、この点はよほど総務省か厚生労働省にレクチャーされて洗脳がいきわたっているのか、それとも賛成する理由がこれしかないのか……。いずれにしても弱い根拠づけだ。

ただし、こうした新聞すべてにとって不安材料は世論の支持のなさのようだ。だから朝日新聞は「もっと関心を持とう」(19日付)と読者に説教した。「制度の必要性では、与野党の間に大きな争点はないだろう」と自らに争点を提示する責任があることなど思いもつかないといった調子で、「心配なのは、内閣府の調査で8割の人が『内容を知らない』と答えていることだ」と眉をひそめる。これは2011年11月の内閣府世論調査（対象者3000人、有効回答率63％）で、83・3％の回答者が共通番号制度の内容を「知らない」と答えた結果を指すが、自分たちがほとんど報道してこなかったこととの因果関係は念頭にないらしい。産経は「国民向け広報にもっと力を入れてほしい」、読売は「政府のPRが不足している」と政府にいい、毎日は「目的や用途などを分かりやすく説明し、国民の理解を得る努力を加速させねばならない」とだれが主語なのか不明で、朝日は読者に責任を転嫁した。もちろん説明されたからといって、世論が賛同するとは限らない。朝日の論説委員はそれを見越したつもりか、「番号制は、個人情報が漏れるリスクと背中合わせだ」と問題点をひとつだけ述べたうえで「安易に身分証明代わりに使ったりしないよう、一人ひとりが中身を知っておかないと、大きな被害につながりかねない」と、私たちの側に「自衛」を求めた。

「リスク（危険）」は受け入れるための言葉ではない。リスクがあるなら報道機関は少なくともその内実を明らかにし、警鐘を鳴らすのが役割だろう。危険を説明しさえすれば「国民の理解を得る努力」はした、という勘違いはいつから始まったのか。朝日は住基ネット稼働時の社説「これだけは注文したい」で、こうした危険に対し「住基ネットの6情報を他の個人情報と結びつけることは、あってはならない。ネットをたどれば財産や病歴まで分かるようなことになったら大変だ」と書いた（2002年8月6日付）。共通番号はまさにその「あってはならない」制度であり、住基ネットより格段に危険が大きい。なのに「どんな制度にも『絶対安全』はない」と天災のように危険を普遍化し、だから政府に中止を求めるのではなく、私たちに「備えよ」と警告するまでに変わったのだ。もの申す相手が政府から民草になれば、おのずと口調も傲慢になる。

初めから危険を私たちにのみこませることが結論で、しかも危険の結果は個人の自己責任というのだから、各紙の執筆者が独自のデータをまじえずに書いているのもうなずける。なまじ調べでもしたら、結論が変わってしまう。自社の記事データベースをはじくだけで、住基ネット法案が国会で強行採決され、導入前から多くの自治体が拒否し、それより多くの個人が住民票コードという名の識別番号の通知を返送したことがすぐにわかるのだ。だから政府の提供文書だけを見て、不都合な事実を遮断して論説を書く。でもこの書き手たちは世論に支持されていないことを気にしている。ほんとうは知っているのだ。読者は自堕落で共通番号を知らないのではない、必要としていいないのだと。

地方紙を取り込む政府

統治者の立場から番号制賛成に足並みをそろえた全国紙に対し、地方紙はおおむね住基ネット導入時からの反対の論旨を共通番号に対しても維持している。

北海道新聞「国民の監視強化は困る」（2012年2月15日付）は「個人情報の監視が強まらないか。懸念が拭えない」と書き出し、根本的な問題点を指摘した。全国紙が消費増税の低所得者救済策として番号制を正当化したのに対し、「だが番号制導入と税率の引き上げはそもそも別の問題である」と消費税とのリンクに疑問を呈した。琉球新報（同月16日付）は、内閣府の世論調査で個人情報漏えいによるプライバシー侵害や個人情報の不正使用による被害への懸念が依然として強かったという、全国紙が報道しなかった結果を紹介。「『原発安全神話』が崩壊した今、世の中に『絶対安全』などない」とリスクに言及しながら、「リスク分散のため個人情報を国が集中的には管理しないという選択肢があってもいい」と自己責任化ではなく、熟慮を訴えた。さらに「消費税増税に伴う低所得者対策も絡めつつ、あたかも〝改革への踏み絵〟のように法案を国会に提出したのも姑息なやり方である」とやはり政府の戦略を喝破し、「この国は息苦しい『監視社会』になるのか、人権やプライバシーは後退しないか」と問うた。

その他の地方紙社説も、高知新聞「こんな認知度で大丈夫か」（2012年1月31日付）、神戸新聞「理解を深める努力が要る」（同年2月18日付）、東京新聞「情報の扱いに懸念も」（同年2月22日付）、南日本新聞「周知と不安払拭が前提」（同年3月3日付）、京都新聞「国会での深い議論必要」（同年7月29日付）、沖縄タイムス「問題多いのに議論なし」（同年8月23日付）と制度への疑問を基調としている。だが、その論旨は主に「8割以上が制度の内容を知らないと答えた」（京都）ことに頼っており、社会保障の「負担と給付、所得とのバランスを図れる」（東京）といった政府資料を書き写したかのような表現が散見され、勉強不足の様子が否めない。個人情報を保護し、国家による個人の監視に反対するといった論拠は、住基ネットに対してよりも全体に弱くなっている。

住基ネットにはほぼすべての地方紙が反対の論陣を張ったことから、政府は共通番号制度の世論対策として地方紙の攻略を図ったようだ。2011～12年度に全国47都道府県で政府が主催する「番号制度シンポジウム」は、開催地の地元紙が共催となり、論説委員や役員がパネルディスカッションの進行役を努める。内容は後日、政府の番号制広告と一体で紙面に掲載される。後援は全国地方新聞社連合会。地方紙の広告を受注する団体で、共通番号制度の政府広告を落札し、電通を通じて各紙に発注しているようだ。つまり、政府は広告ルートで地方紙を取り込みつつある。

こうして札幌市では北海道新聞（2011年6月）、広島市では中国新聞（同）、熊本市では熊本日日新聞（同年7月）、金沢市では北国新聞（同年8月）を共催者に、住基ネット差し止め訴訟が提起された「反対地域」からシンポジウムが始まった。その後も、新潟市で新潟日報（同年10月）、高松市で四国新聞社（同）、青森市で東奥日報（同）、津市で伊勢新聞（同年11月）、名古屋市で中日新聞（同）、鳥取市で新日本海新聞（同）と、北から南まで地元で最も読まれている新聞を網羅している。もちろん、北海道新聞のように、共催する新聞社が共通番号制度を支持するとは限らない。むしろ多くの新聞社が慎重な姿勢を崩していない。しかし、だからこそ巧妙な世論操作ができるともいえよう。そのような新聞社であっても、広告として政府の宣伝を受注し、中立のような体裁で政府の言葉を読者に運ぶことで。

それはシンポジウムの掲載形態に最もよく表れている。シンポジウム内容は政府の広告（これ自体が広告主を明確に記載せず、政府の宣伝であることが分かりにくい）とセットで同一ページに掲載され、広告だか記事だか一見判別できない。福岡市でのシンポジウム（2011年7月）は西日本新聞が政府と共同で主催し、8月21日付で紙面化した（写真2）。欄外に【特集】という表示があるが、西日本新聞東京支社広告部によるとシンポジウム記事は同紙記者によって執筆されたのではなく、広告部を通じて編集プロダクションに発注されて制作された。「純粋な記事」ではないので、記事データベースにも残らない。広告料は三分の一ページ分しか受け取っていないそうだが、記事のような全面広告なのだ。

全国の新聞社が加盟する日本新聞協会には、新聞が「あらゆる権力から独立したメディア」であることをうたう「新聞倫理綱領」がある。広告についても「新聞広告掲載基準」があり、「編集記事とまぎらわしい体裁・表現で、広告であることが不明確なもの」は掲載しないと定めている。客観性を前提とする記事と、広告主の意向を売りこむ広告では、読者の信用度がまったく異なるからだ。同じ内容でも記事として流布されれば、第三者の中立な視点を経たものとしてそれだけ説得力が強い。「みんなで考えたい社会保障・税に関わる番号制度」というプロパガンダが、こうしてだれの発話なのかあえて隠されて各戸に届き、どこよりも新聞社のなかで響きわたっている。

西日本新聞はシンポジウム直前、共通番号制度への賛成を表明した。住基ネット

番号制度シンポジウムin福岡

公平・公正な社会の基礎に

向井 治紀氏

個人の情報を一体的に把握

情報漏洩恐れすぎ

利便性から遠ざかる

民間活用へ拡大も提言

行政費用削減にも効果

住基ネットを反省して

行政改革とも同時進行

みんなで考えたい

社会保障・税に関わる番号制度

政府では、「社会保障・税に関わる番号制度」の導入を検討しています。この制度では、みなさん一人ひとりが自分だけの「番号（マイナンバー）」をもつことになります。年金、医療、介護保険、福祉、労働保険の社会保障分野と、国や地方の税務分野の窓口などで利用します。

Q マイナンバーって何なの？

Q どんなメリットがあるの？

Q 導入はいつなの？

Q 不正利用や情報漏えいが心配だけど…？

Q 自分の情報を確認できるの？

詳しいことは、ホームページで。

写真2

政府と西日本新聞が主催した「番号制度シンポジウム in 福岡」を伝える紙面。政府は広告から地方紙を取り込み、こうした「記事のような全面広告」が各地で最も読まれている地方紙に掲載されている。

最高裁判決時には社説「利用拡大の検討は慎重に」で、「住基ネットの強引な利用拡大は新たな国民の不安を生み落とすことになる」と批判した（2008年3月8日付）のに、まさにその住基ネットを利用拡大した共通番号制度に対し、「丁寧な説明で論議を前へ」という社説を掲載したのだ（2011年7月27日付）。そこで自らがなぜ賛成に転換するのかにはふれず、「過去の番号制度導入の挫折は、所得の正確な捕捉への反発が隠れた主因ではないか。国家財政が危機に瀕する現在、反対論の底流に同様の警戒心が潜むようでは説得力がない」と、反対世論を脱税志向と決めつけた。反対から賛成に転じるや、社説はこれまで積み上げられた議論を無視して問題を矮小化し、乱暴な独善に陥る傾向があるようだ。

それと気づかれぬ変節

住基ネットに反対していた全国紙は共通番号ですでに政府に同調し、地方紙は広告から取り込まれようとしている。朝日、毎日の場合は後押ししていた政権交代が実現し、権力に近づくや思想のなさを露呈した感があるが、これは一夜にしてそうなったのではない。住基ネットから共通番号制度への10年間を振り返れば、9・11

後に吹き荒れた「対テロ戦争」と新自由主義の嵐のなかで、アフガニスタン攻撃とイラク戦争とで平和への信念が問われ、イラクでの人質事件、有事法制の成立、監視カメラを始めとするセキュリティの強化と、個人と国家の関係が問われるいくつもの重要な節目があった。新聞はその一つひとつで変節していった。ここでその逐一を例示する紙幅はないが、同時に進行したグローバルな市場の自由化による雇用の崩壊、社会保障制度の切り崩し、過激なまでの富の偏在と生きがたいまでの競争にも新聞はさして抵抗しなかった。資本の円滑な流れと人間の選別を求めるこうした経済構造に、共通番号による個人のコントロールはなによりも奉仕する（第4部5章「グローバルな資本のために」の節を参照）。すべての問題はつながっているのだ。その一角に直面するたびに、メディアは自らの倫理観によって言葉を磨くのではなく、国家に依って資本についた。共通番号制度への新聞の無責任な迎合と傲慢な口調とは、こうした一連の権力への追従と地続きなのだ。

これはなにも新しいことではないのかもしれない。全国紙、地方紙を問わず日本の新聞には「世間への追従」が抜きがたくある。世論の推移を見て、けっして取り残されないようにする。だが、たとえ世論調査で8割が賛成したとしても、自らの取材と倫理観から反対を貫かなくてはならないときが「ジャーナリズム」を標榜する者にはあるのではないだろうか。特に日本の新聞がつい数十年前、世論の好戦的熱狂に巻き込まれて、ほどなく戦争を主導し、政府の統制にすすんで従い、虚偽ばかり報道し、真実を訴える者を弾圧した過ちと責任を顧みれば、表現の自由、個人の尊厳、社会的少数者への差別、民主主義の形骸化、戦争への参加につながる岐路には、厳しい倫理観が必要とされる。共通番号はそのどれにも関わる問題なのだ。

西日本新聞だけでなく、日本の新聞が主張を変えるときは、けっして言挙げしない。新聞記者だったころ、わたしはアフガニスタン空爆を「限定ならやむをえない」と容認した社説のゲラ刷りを見てうろたえ、論説委員室に電話して、記者たちが9・11以来日々「軍事攻撃は解決にならない」という記事を書いているのになぜと問うた。せめて社内で議論してから、この歴史的判断をしてほしいと。すると論説副主幹は「以前からウチは武力行使を否定していない」と答えた。無防備な人々の頭上に爆弾を投下する暴力が許されるのかを議論するのではなく、「前からそうだった」ということで、彼は戦争回避を訴えてきた言論を転換させる責任を負うことを回避した。わたしがこのとき学んだとおり、有事法制も、沖縄の米軍基地問題も、戦後補償問題も、そして消費増税までも、この新聞社の社説はその後、権力と言葉を同調させていった。そうは宣言しないいし、いかにも権力とは別個のポーズをつくるので、いまだに「良心的」と錯覚している読者も多いが、畢竟筆は下品になり、「国益」「同盟」「反日」といったかつては使うのがはばかられたような国家主義的な言葉が頻出するようになった。転換は、それと気づかれぬよう日々進行しているのだ。

だがその意味では、新聞が共通番号に賛成する言葉にさして重みはないし、魅力もない。世間が変われば新聞もそれとなく変わる。住基ネットのときも、新聞の反対キャンペーンは自治体と個人のあとから遅まきながら展開された。ただ、世論を変えるにはいまや知る権利を阻む存在となった「メディアの壁」を越えなくてはならない。一人ひとりの胸に届く、変調しない言葉を探して。

第4部 グローバルな視点から番号制度のあり方を探る

番号制度の国際動向と共通番号制度（マイナンバー）

田島泰彦

はじめに

この第4部では、番号制度を採用し、運用してきたいくつかの国々（具体的には、アメリカ、ドイツ、オーストリア、スウェーデン、韓国）を順次取り上げ、詳細かつ批判的に検討、検証を試みる。なお、イギリスは近年本格的な番号制度（国民登録とＩＤカード）が創設されたとたんに政権交代により制度が廃止されることになったので本論の対象からは外し、この「はじめに」でその経験を簡単に紹介するにとどめた。

今回の共通番号制度は、住基ネットと住基カードを踏まえた、全国民の基盤的かつ巨大なデータベースの強化と深化、新たな装いの国民総背番号制度の企てに他ならない。にもかかわらず、制度を導入する民主党政権や推進側は、共通番号制度は世界の普遍的な流れであり、国際的な常識であるかのごとく喧伝している。また、権力監視を本務とすべき新聞、テレビなどのメインストリームメディアも、過剰な国家管理や市民的自由侵害の危険などの観点からの本質的、批判的吟味を提示していないだけでなく、導入に基本的に賛同、推進するスタンスを取っている。

しかしながら、この第4部を見てもらえばわかるように、共通番号は世界の常識でも普遍的な流れでもまったくなく、窺い知れるのは、例えば、共通番号制度だけでなく番号制度がもつ多様な姿であり、番号制度が生み出す深刻な問題や弊害に直面する現実であり、改革・改善を模索し、格闘する姿などである。こうした番号制度の国際的経験から学ぶべきは、共通番号制度導入の無批判の礼賛、推進ではなく、今回の共通番号制度への根本的で批判的な吟味、再検討だろう。

番号制度・IDカードの国際動向

国民登録制度やこれに基づくIDカードの制度を導入しようとするのは、日本だけではない。少なくない国々がこれまでこれを導入し、経験を重ねてきたし、また新たな制度化を図り、実施しようともしている。ここでは、次節の各国ごとの本格的考察に立ち入る導入として、番号制度やIDカードの国際動向の一端を手短にスケッチした後（関連する説明箇所について詳しくは、後続の諸論考を参照されたい）、新たな国民登録制度を創設したとたん廃止を余儀なくされたイギリスの状況を紹介したい。

国民に番号を振りその基本情報を管理する、いわゆる共通番号制度を含む番号制度（国民背番号制度）を採用している国々も少なくないが、それには本人の申請による場合と、出生により付番する仕組みと二つの方式がある。前者の典型は、アメリカの社会保障番号（ＳＳＮ）やカナダの社会保険番号（ＳＩＮ）である。たとえば、アメリカのＳＳＮの制度では、官民を問わず、社会保障、教育、納税、預金口座など、身分証明証として広く利用されてきて、なりすまし（身分盗用）などが多発し、深刻なプライバシー侵害に直面していると言われている。

後者の出生による付番制度の類型については、日本の住基ネット以外にアジアでも韓国や台湾などでもこの制度が採用されてきたが、ヨーロッパの典型例としては、スウェーデンがある。ここでは、税の捕捉や社会保障の適正な運用等の目的から、10桁の番号（ＰＩＮ）が国民に振られ、氏名、住所、国籍などの基本的な情報から、婚姻、家族関係、税額、所得、財産、建物の類型などまで、広範な個人情報がコンピュータで管理されてきた。個人情報の保護に責任をもつ機関の担当官さえ、このＰＩＮは銀行の口座番号などほとんどすべての記録にアクセスできる鍵が得られ、他人の身分を盗用する危険が生ずるなどプライバシーの脅威となることを警告している。なお、ドイツでは、憲法裁判所が、国勢調査についての事案で、個人データの結合行為等に対して厳しい規制を課す判決を下し、個人情報の保護を図ってきた。

ＩＤカードの制度については、アジアではあまり普及していないが、ヨーロッパでは普遍的な仕組みと言われている。大多数のＥＵ加盟国が今やＩＤカードを採用している。ヨーロッパ全域では、任意的なＩＤ制度は、オーストリア、フィンランド、フランス、イタリア、オランダ、ポルトガル、スウェーデンなどで運用され、ベルギー、ドイツ、ギリシャ、スペインでは市民に常時携行を義務づける強制的な制度さえ導入されている。ヨーロッパでは、ドイツのように、ＩＤカードに生体認証を組み込む試みも始まり、また各国で汎用的な利用が可能なＩＣチップの内臓化、デジタル化が計画されているし、警察による身分差別的な身元確認の乱用なども報告されている。

しかしながら、プライバシーへの懸念などから、オーストラリア、ニュージーランドでは反対運動のため政府はその導入を断念したし、国民総背番号制度としての住民登録制度をもつ韓国でも、政府のＩＣチップ内臓の「電子住民カード」導入構想は国民の反対で挫折した。また、９・11以後、市民監視が強まるアメリカでも導入の動きがあるが、いまだ実現していない。

イギリスの経験――IDカード制度の創設と挫折

イギリスは、戦時中に、敵国人との区別・配給制度の実施・住民の動員のために、国民登録制度をつくりIDカードを発行した。戦後もこの制度は廃止されず、1952年に裁判で違法判決が出されてはじめて廃止された。その後、政府は国民登録とIDカードのしくみを幾度か整備しようとしたが、その都度、批判が出されて挫折の連続だった。2001年9・11事件の直後も、テロ対処を理由にして政府は国民登録制度の創設を提案したが、実現できなかった。その後政府は、①きちんとした身分登録のしくみは社会保障の受給の際に非常に便利である、②EU内を自由に移動できる機能をIDカードにもたせたら便利だ、③不法難民に対する取締まりにも有効だ、と宣伝してきた。国民登録制度の提案理由の前面からはテロ対処ということが隠されたわけである。その後2005年に政府は法案を提出したが、総選挙で頓挫し、それとほぼ同じ法案が総選挙後に提出され、2006年3月に成立したという経緯がある。しかし、後に述べるように、2010年の総選挙による労働党から保守党・自由民主党への政権交代を受けて、創設されたIDカード法を廃止する法案が成立し、新たな国民登録・IDカード制度は結局、挫折し、廃止されることとなった。廃止されたとはいえ、イギリスの試みは検討に値するのは確かなので、以下、制度の枠組を簡単に見ておくことにする。

このＩＤカード法（Identity Card Act）によって、ＩＤ登録簿（National Identity Register）という国民登録制度が創設された。国民の基本的情報に関する全国家的データベースである。これとともにいろいろな目的でつかえるＩＣチップ内蔵のＩＤカードを発行し、運用することとなった。一気に登録簿やＩＤカードの発行を義務化するのではなくて、任意的なシステムからはじめて２０１３年までに全面的に義務的な制度に移行する、というものである。

ＩＤ登録簿には、２０１３年までにイギリスに住む16歳以上のすべての人の基本的な情報が登録される。基本的情報というのは日本の住基ネットの基本情報（氏名、住所、生年月日、性別、変更履歴、住民票コード）と重なっており、日本でもそうだが、一人ひとりの国民にＩＤ登録番号を割り振ることになっている。これに加えて、顔、指紋、虹彩などの生体情報の登録も要請される。旅券の交付や再申請などの情報もすべてＩＤ登録簿に記録されることになっていく。

ＩＤカードについては、旅券や運転免許証、外国人の場合は在留許可書に付随してＩＣチップ内蔵のカードが発行される。新たなパスポートに切り替えるときには生体情報などの基本的情報も入れられる。既存のＩＣ化されたカードにアクセス出来ない人たちには純粋のＩＤカードが発行される。トータルとして基本的な情報と生体情報がＩＣチップ内蔵のＩＤカードに登録される。公共サービスをうける際にはこのＩＤカードを提示する義務が生じる。さらに、ＩＤ登録簿の情報及びＩＤカードの情報は、警察や治安機関などの国家機関から情報提供の要請があれば、法律に定める要件を満たす限り、本人の承諾なしに提供される。ＩＤ登録簿の情報が正しいかどうかについてチェックするために、他の省庁が違う目的で持っている情報を提供させることも可能になった。

この制度は２００８年から始まるが、最初は任意的な制度である。ＩＤカードを発行してもらうかどうか、受け取るかどうかは、本人の選択に委ねることになっている。しかし２０１３年に全面的に義務化される。ＩＤ登録簿にはＩＤカードの情報がすべて登録される。先進国でこれだけ徹底した住民登録とＩＣ化されたＩＤ制度が法制化されたのは初めてである。

しかしながら、このような新たな国民登録制度の創設に対して、市民団体などからは、国民を対象とした全国規模の巨大データベースを作り上げ、他の諸々のデータベースと結合することによって、政府が国民のあらゆる情報を利用できることを可能とする仕組みに他ならず、プライバシーをはじめとする市民的自由に深刻な脅威をもたらす挑戦として警鐘を鳴らしてきた。こうしたなか、２０１０年総選挙による政権交代の結果誕生した保守党・自由民主党連立政権はＩＤカード法の廃止法案を提出し、新たな国民登録制度は挫折し、廃止を余儀なくされるに至った。

共通番号制度を進める日本の民主党政権や推進側はこのようなイギリスの経験を積極的な紹介することはなく、ほぼ黙殺しているが、今回の共通番号制度を語る上では大変参考になる事例である。番号制度と結び付けられた国民登録やＩＤカードの制度は、国家の過剰な情報管理とプライバシーをはじめとする市民的自由の侵害の危険を伴っているという危惧の前で、創設はされたもののあえなく挫折したことをイギリスの経験は示している。共通番号制度の導入を前に、私たちが共有し、受け止めるべき教訓はその点にこそあるのではないか。

各国の番号制度の比較

石村耕治

各国が採用する番号制度は、さまざまである。第4部で取り上げる諸国の番号制度を中心にして、グローバルにみると、番号制度のモデルは、大きく次の3つに分けられる。

番号制モデル（方式）の分類

①セパレート・モデル（方式）：分野別に異なる番号を限定利用する方式〔ドイツ〕
②セクトラル・モデル（方式）：秘匿の汎用番号から第三者機関を介在させて分野別限定番号を生成・付番し、各分野で利用する方式〔オーストリア〕
③フラット・モデル（方式）：一般に公開（見える化）されたかたちで共通番号を官民幅広い分野へ汎用する方式〔アメリカ、スウェーデン、韓国〕

また、第4部で取り上げる諸国の番号制度と制度運用にかかわるインフラの特徴を比較して図示すると、次のとおりである。

番号制度とそのインフラの特徴比較

国別	基礎データベース		番号の特徴	公的（電子認証）IC カード等			データ保護機関（第三者機関）
	管理主体	民間利用	名称・利用範囲	有無	携行義務	その他	
日本《現行》住基ネット	自治体指定機関	×	PIN*1《公的汎用》	×	×	住基 IC カード	なし*2
《新提案》共通番号	国指定の機関	△	PIN《官民汎用》	○	△	IC カード	個人番号情報保護委員会
アメリカ	社保庁（SSA）	○	社保番号（SSN）*3《官民汎用》	×	×	なし	なし
オーストリア	連邦	×（ただし、社保番号を除く）	PIN+ssPIN*4、社会保険番号	○	×	IC カード等	データ保護委員会（DSK*5）
ドイツ	連邦	×	ssPIN、納税者番号	○	○	IC カード	データ保護監察官
スウェーデン	国税庁	○	PIN《官民汎用》	×	×	なし	データ検査院
韓国	国	○	PIN《官民汎用》	×	×	住民登録証（プラスチック）	なし

＊1　PIN　本人確認のために使 われる、秘密の識別番号（Personal identification number）。
＊2　ただし、指定機関、都道府県に保護審議会等設置
＊3　SSN　本書150頁参照。
＊4　ssPIN　本書174頁以下参照。
＊5　DSK　本書179頁以下参照。

1 アメリカの共通番号制度
共通番号の悪用で成りすまし犯罪者天国に

石村耕治
ＰＩＪ代表

はじめに

アメリカは、番号を可視（見える）化し一般に公開して（オープンで）使うフラット・モデルの共通番号（ＳＳＮ／社会保障番号）を採用する。[*1] わが国の共通番号制度／マイナンバー（私の背番号）制のモデルでもある。アメリカの人口は、約3億1万人（２０１１年）であり、番号管理の対象者は、他の諸国と比べると、各段に多い。

アメリカでは、官民にある無数の個人情報データベースが、この共通番号（ＳＳＮ）で縦横にリンケージされている。ＳＳＮは、実質的に各種個人情報デー

いしむら・こうじ
１９４８年生れ。現在、白鴎大学法学部教員、プライバシー・インターナショナル・ジャパン（ＰＩＪ）代表。主な著作に『納税者番号制とは何か』（岩波ブックレット、１９９４年）、『納税者番号制とプライバシー』（中央経済社、１９９０年）などがある。
ＰＩＪ（プライバシー・インターナショナル・ジャパ

タベースにアクセス際の「マスターキー」となっている。このことは裏返せば、犯罪者にとっては、このマスターキーは喉から手が出るほどおいしい犯罪ツールになるわけである。事実、アメリカでは、SNNがさまざまな成りすまし犯罪へ悪用され、手がつけられなくなっている。新たな分野別番号への転換などの対策が模索されているが、いまだ抜本策を見出すにいたっていない実情にある。

アメリカでの共通番号制度の展開

アメリカにおいては、1936年に、社会保障行政に使うことをねらいに「社会保障番号（SSN＝Social Security Numbers）」が導入された。社会保障番号は、各人からの任意申請に基づいて、連邦社会保障法（Social Security Act）第205条c項2号の規定にしたがって、社会保障庁（Social Security Administration）が発行する。社会保障番号は、当初から、利用が制限されなかった。また、その後、個人の「納税者番号（TIN＝Taxpayer Identification Number）」としても使われた。

このように、アメリカでは、SSNが、見える化したかたちで、官民にわたり共

ン）は、「市民・納税者が主役」の社会の構築を目指し、プライバシーの保護活動と政策提言による社会貢献に努めるPrivacyNGOである。

＊1　詳しくは、拙著「納税者番号とプライバシー」『アメリカ連邦税財政法の構造』（法律文化社、1995年）第7章参照。

アメリカの共通番号（SSN）カード〔紙製〕

通番号として幅広く使われている。ＳＳＮは、現実空間での取引に加え、インターネットとパソコン（ＰＣ）を使ったサイバースペース（電脳空間）での取引（電子取引・ネット取引）にも汎用されている。

成りすまし犯罪ツールと化す共通番号（ＳＳＮ）

　アメリカでは、ＳＳＮが大きな問題を抱えるにいたっている。ＳＳＮの〝成りすまし犯罪ツール化〟である。ＳＳＮはヤミで売買、垂れ流しされ、犯罪に手を染める者の手に渡るなどして、アメリカ社会は、他人のＳＳＮを悪用した「成りすまし犯罪者天国」と化している。

　国外へ派遣された軍人が、既定の任務を終えて故郷へ帰って見ると、誰かが自分のＳＳＮを使って信用口座を開設し何十万ドルもの焦げ付きが自分にのしかかっている事実に遭遇する。犯人が分からないばかりか、自分のSSNが信用情報報告機関のブラックリストに登載されていることから、銀行口座も開けずに日々の生活にも支障をきたすといった例が報告されている。

また、ローン地獄に陥っている親がわが子のSSNで信用口座を開設し焦げ付かせ、その子が成年に達して銀行口座を開設しようとした時になってはじめて、自分のSSNが信用情報報告機関のブラックリストに登載されていることを知るという例も数多く報告されている。さらに、患者が医療機関で提示したSNNを職員が盗用、成りすまし犯罪に悪用される例も後を絶たない。

他人のSSNを悪用した成りすまし不正就労、さらには、電子納税申告の普及に伴う他人のSSNを悪用した成りすまし不正申告も多くなり、課税庁（IRS）もその対策に必死である。

後手に回る共通番号悪用犯罪対策

アメリカ社会は、SSNの成りすまし犯罪への悪用等々で、国民のプライバシー、自己情報コントロール権は、風前の灯になっている。警察など犯罪取締当局も、日々の殺人や強盗などの自然犯対策に追われ、時間や費用のかかる成りすまし犯の追及には及び腰である。自分のＳＳＮを悪用された被害者は、孤立を強いられている。被害者の多くは、弁護士、私立探偵、その分野の市民団体（ＮＰＯ）などに有償で支援を求めているのが実情である。被害者が強いられるコスト負担は巨額に達する。

州立のフロリダ大学のように、学生や教職員、同窓生のＳＳＮを悪用した成りすまし犯罪被害の深刻化に対処するため、２０００年初頭に、公式データへのアクセスや証明文書、ＩＤカード等へのＳＳＮの使用を全面的に止め、大学独自の個別番号に転換した機関もある。[＊2] しかし、こうした転換には膨大なコストがかかるため、ほとんどの機関は抜本策を講じることには及び腰である。

連邦も共通番号悪用犯罪対策に必死

ＳＳＮを悪用した成りすまし犯罪被害者の窮状が頻繁にマスコミで取り上げられ、〝政治の無策〟が鋭く追及されてきている。こうした指摘を受け、連邦や各州の議会、省庁が他人のＳＳＮを悪用した成りすまし犯罪対策を練ってきている。しかし、

＊2　拙論「アメリカにみる社会保障番号の危険性・アメリカ社会、社会保障番号（ＳＳＮ）で、なりすまし犯罪の巣くつ化／連邦議会でのＳＳＮ濫用規制の動向」サイバー税務研究９号（２００７年）42頁参照。Available at: http://www.pij-web.net/pdf/stj_jp/9.pdf

いまだ抜本策を見出すにはいたっていない。

ここ10数年間に連邦議会で実施された「社会保障番号（ＳＳＮ）を盗用した成りすまし犯罪」に関する公聴会などのうち主なものをあげると、次のとおりである。[*3]

共通番号（SSN）関連成りすまし犯罪についての連邦議会公聴会開催の経緯

・２０００年5月9日及び11日に、第１０６回連邦議会下院歳入委員会・社会保障小委員会が、「社会保障番号の利用及び不正利用に関する公聴会（Hearing on Use and Misuse of Social Security Numbers）」を開催し、成りすまし犯罪被害者、企業、行政機関、法執行機関、消費者団体、市民団体関係者などから証言を聴取。

・２００1年5月22日に、第１０６回連邦議会下院歳入委員会・社会保障小委員会が、「プライバシーの保護と社会保障番号の不正利用規制に関する公聴会（Hearing on Protecting Privacy and Preventing Misuse of Social Security Numbers）」を開催し、成りすまし犯罪被害者、企業、行政機関、法執行機関、

＊3　拙論「米議会証言からＳＳＮ成りすまし犯罪を検証する」ＣＮＮニューズ64号25頁以下参照。Available at: http://www.pij-web.net/pdf/cnn/CNN-64.pdf.

消費者団体、市民団体関係者などから証言を聴取。

・２００７年6月21日に、第１１０回連邦議会下院歳入委員会・社会保障小委員会（Subcommittee on Social Security）が、「成りすまし犯罪から社会保障番号にかかるプライバシー保護に関する公聴会（Hearing on Protecting the Privacy of the Social Security From Identity Theft）」を開催し、成りすまし犯罪被害者、企業、行政機関、法執行機関、消費者団体、市民団体関係者などから各種証言を聴取。

・２００７年12月18日に、第１１０回連邦議会下院司法委員会・犯罪、テロ行為及び国土安全保障小委員会（Subcommittee on Crime, Terrorism, and Homeland Security, Committee of the Judiciary, House of Representatives）が、「２００７年プライバシー及びネット犯罪取締法（Privacy and Cybercrime Enforcement Act of 2007）」案審査のための公聴会を開催し、成りすまし犯罪被害者、企業、行政機関、法執行機関、消費者団体、市民団体関係者などから各種証言を聴取。

・２００８年４月10日に、第１１０回連邦議会上院財政委員会（Committee on Finance, United States Senate）が、公聴会「成りすまし犯罪：誰があなたの番号を手に入れたのか（Identity Theft: Who's Got Your Number）」を開催し、成りすまし犯罪被害者、法執行機関、消費者団体、市民団体関係者などから証言を聴取。

・２０１１年９月１日に、アメリカ連邦議会下院歳入委員会・社会保障小委員会が、「社会保障番号と子どもの成りすまし犠牲者」の問題についての公聴会を開催し、関係機関から報告を聴取。

こうした一連の連邦議会の動きに加え、大統領府、連邦政府検査院（ＧＡＯ＝Government Accountability Office）〔前連邦会計検査院（ＧＡＯ＝General Accounting Office）〕、連邦取引委員会（ＦＴＣ＝Federal Trade Commission）、連邦及び諸州・地方団体の各種法執行機関、弁護士や私立探偵、消費者団体や成りすまし犯罪被害者救済市民団体が、ＳＳＮの盗用、成りすまし犯罪に精力的に対処してきている。しかし、いまだ状況の抜本的な改善にはいたっていない。

最近の共通番号悪用犯罪の被害状況

他人のSSNを悪用した犯罪の被害は深刻さを増している。至近では、2011年9月1日に、アメリカ連邦議会下院歳入委員会・社会保障小委員会が、「社会保障番号と子どもの成りすまし犠牲者」の問題についての公聴会を開催し、対策を練っている。この公聴会で、連邦司法省は、2006年~2008年ベースで、成りすまし犯罪の犠牲者が1億1700万件にのぼっていることを明らかにした。

また、連邦取引委員会(FTC)は、成りすまし犯罪による損害額は、年平均500億ドル(1ドル=80円換算で、4000億円)にのぼっていると証言した。こうした成りすまし犯罪の最大の原因は、フラット・モデルの共通番号である「社会保障番号(SSN)」の多目的利用・汎用にある。

この現実は、わが国でも共通番号を導入すれば、他人の共通番号を悪用した成りすまし犯罪の根本的な解決は至難となることを教えてくれる。このアメリカの実情を「対岸の火事」とし、高みの見物ではいられない。ところが、民主党政権は、

「背番号導入で公平、公正な社会の実現」を叫ぶだけで、まったくこうした背番号制が持つ危ない側面を国民には伝えない。日経や朝日新聞をはじめとした共通番号導入の旗振りをしているマスコミも同じである。

米国防総省は共通番号から分野別番号へ転換

アメリカでは、国防総省（DOD）は、現役および退役軍人やその家族、予備役を含む軍関係者を対象に「国防総省IDカード（DOD ID card）」を発行している。このカードは、国防総省関連施設や国防省のコンピュータシステムやネットワークへのアクセスに使用される。このカードは、電子認証機能を有するとともに、さまざまな個人情報を記録することができる。また、カードには、個人番号、写真などが記載されている。

国防総省は、長い間、個人番号としてSSNを採用し、DOD IDカード面に記載して発行してきた。しかし、軍属のプライバシー漏えいや成りすまし問題が深刻な状況になり、抜本策が求められていた。また、SSNを国防関係事務に使い続けることは、国家安全保障上も大きな問題になっていた。

アメリカ国防総省のIDカード

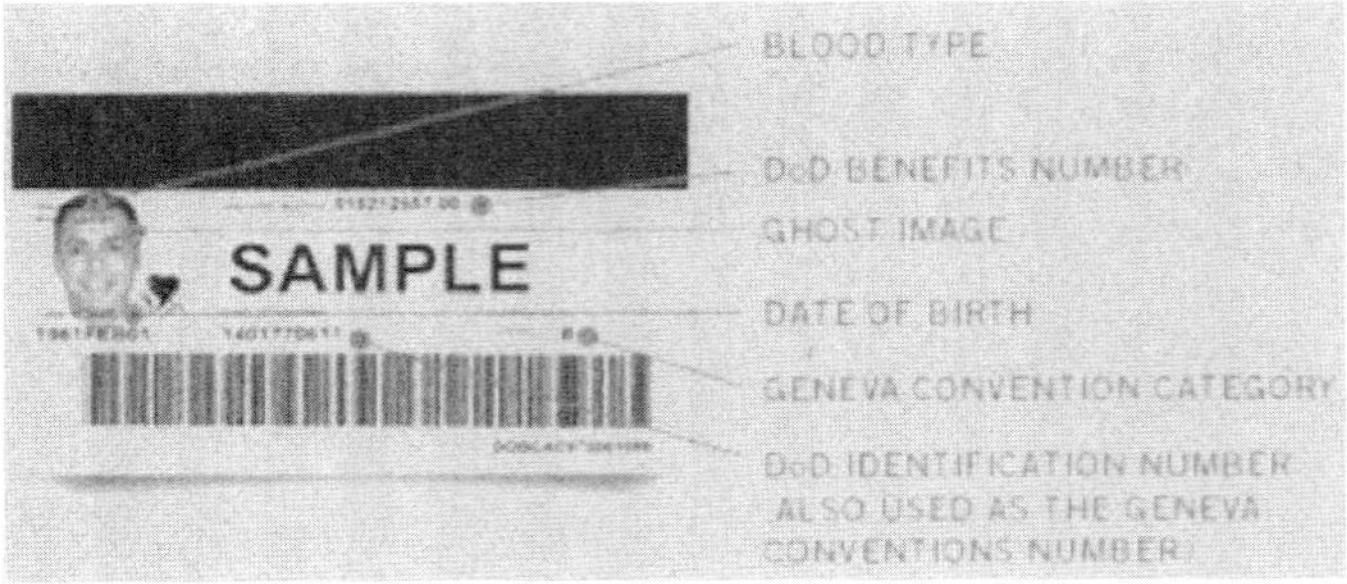

そこで、国防総省は、２００８年に国防総省独自の分野別番号の採用の検討を開始した。そして、２０１１年4月1日から、ＳＳＮに換えて独自に新たな11ケタの「国防総省本人確認番号（DOD ID number)」を使うことにした。国防総省でのフラット・モデルのＳＳＮの利用は、２０１２年末で全廃される。

一方、連邦課税庁（ＩＲＳ／内国歳入庁）も、ＳＳＮを盗用した成りすまし申告の急増に悩んでいる。２０１１年1月から、成りすまし不正申告の被害を受けた個人納税者向けに、「身元保護個人納税者番号（ＩＰ ＰＩＮ）」の発行を始めた。被害納税者は、ＳＳＮに代えてＩＰ ＰＩＮで確定申告ができる。ＩＲＳは、２０１１年に５万件のＩＰ ＰＩＮを発行している。２０１２年度には、20万件以上のＩＰ ＰＩＮを発行することになるもようだ。

成りすまし不法就労の例

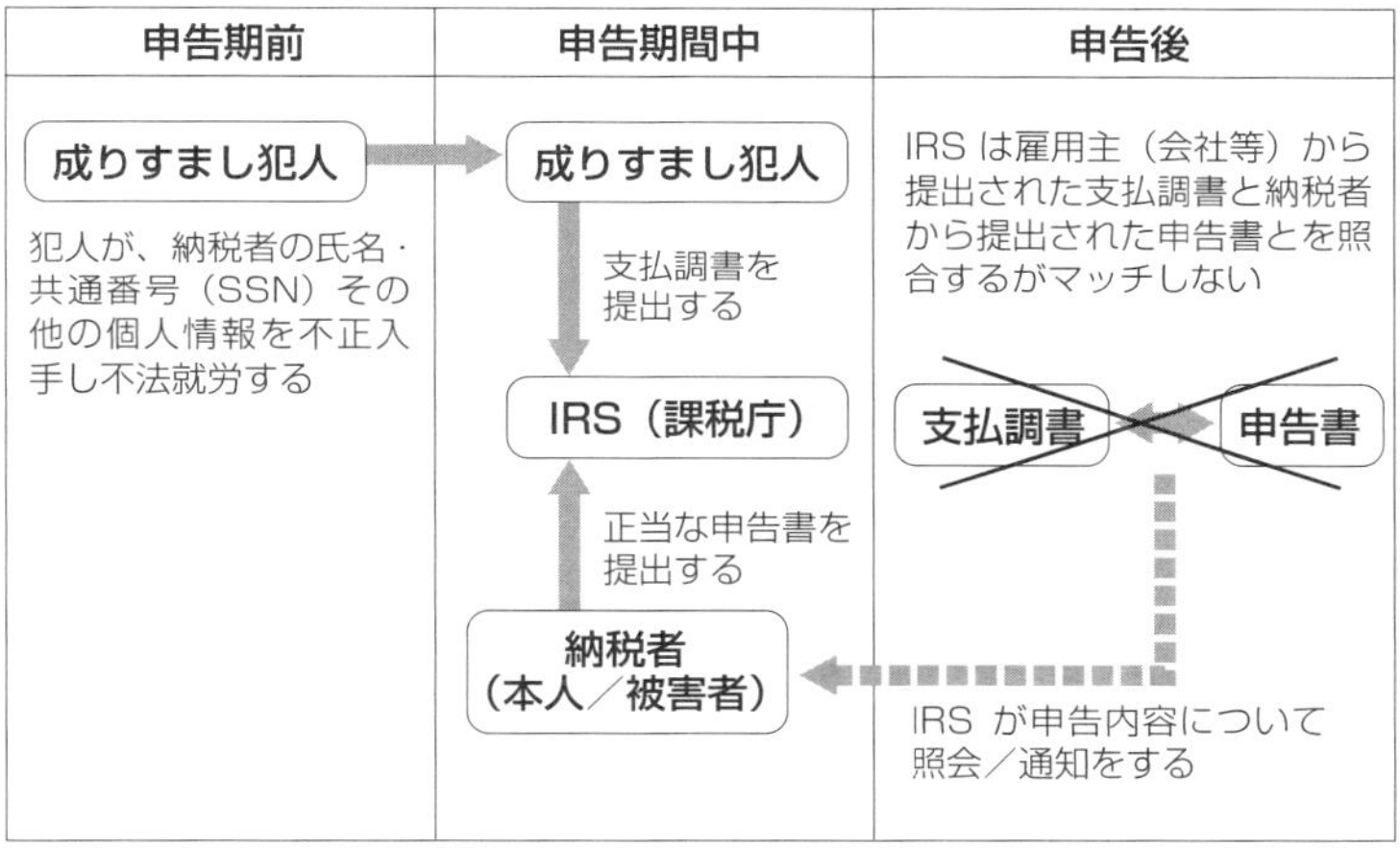
申告期前
申告期間中
申告後
成りすまし犯人
犯人が、納税者の氏名・共通番号（SSN）その他の個人情報を不正入手し不法就労する
成りすまし犯人
支払調書を提出する
IRS（課税庁）
正当な申告書を提出する
納税者（本人／被害者）
IRS は雇用主（会社等）から提出された支払調書と納税者から提出された申告書とを照合するがマッチしない
支払調書
申告書
IRS が申告内容について照会／通知をする

むすび

アメリカに実情を見れば、一つの番号を多目的（汎用）するフラット・モデルの共通番号制度は、番号保有者が成りすまし犯罪の餌食になる可能性が高く、時代遅れで極めて危険な番号制度の仕組みであることがわかる。現在のアメリカのように、ＳＳＮはいったん他人に悪用されると、その被害を食い止めるのは至難の業である。また、ＳＳＮを採用したままでは成りすまし不正申告への抜本的な対策も難しい。

よく考えて見ると、今ある分野別に異なる番号をそのまま使い、各種情報を紐付け・データ照合できる仕組み（セクトラル・モデル）を構築すれば、それで十分であり、しかも安全である。安全は、分野別番号の利用などシステム設計で対応すべきで、かたちだけの第三者機関の設置や厳罰で対応できるものではない。わが国において共通番号（マイナンバー〔私の背番号〕）制度の導入は明らかに不要である。

《参考文献》

- U.S. House of Representatives, Committee on Ways and Means, Subcommittee on Oversight and Social Security, Hearing on Identity Theft and Tax Fraud (May 8, 2012).
- U.S. House of Representatives, Committee on Ways and Means, Subcommittee on Social Security, Hearing on Social Security Numbers and Child Identity Theft (September 1, 2011).
- GAO, Taxes and Identity Theft: Status of IRS Initiatives to Help Victimized Taxpayers (GAO-11-721T, June 2, 3011).
- Jim Garamone,"DOD to Drop Social Security Numbers from ID Cards," American Force Press Service (April 1, 2011).
- Marcia Richards Suelzer, Toolkit Staff Writer,"Tax ID Theft Victims Should Get IRS-Issued Identity Protection PIN," Available at http://www.toolkit.com/news/newsDetail.aspx?nid=12-362IPPIN.
- ＣＮＮニューズ70号。Available at: http:／／www.pij-web.net／pdf／cnn／CNN-70.pdf.

2 ドイツの分野別限定番号制度

共通番号は憲法違反の国

石村耕治
ＰＩＪ代表

はじめに

ドイツは連邦制をとる国家である。８２３０万人（２０１１年）の人口を擁する。連邦、州、地方団体には、さまざまな行政登録台帳、行政データベース（電子登録台帳）が置かれている。これらの紙製登録台帳ないし行政データベースにおいて、個人や法人の情報は、何らかの識別番号を用いて収集・保存・管理されている。

ドイツでは、行政データベースにおける個人の識別番号として、複数の〝分野別限定番号制度（ｓｓＰＩＮ＝sector specific personal identification numbers）〟を採用しているのが特徴である。すなわち、分野別（社会保障・年金・納税・教育・ビジネス等々）の複数の限定番号を採用する方式をとっている。したがって、わが国の民主党政権が提案しているような、多分野で利用する〔汎用の〕〝統一的な共通番号制度（unified ＰＩＮ=one unified personal identification numbers）〟を採用していない。[*1]

ドイツにおける分野別限定番号制度採用の背景

ドイツは、共通番号制度（unified ＰＩＮ）を採用していない。複数の分野別限定番号制度（ｓｓＰＩＮｓ）を採用している。これには、次のような背景がある。

ドイツのｓｓＰＩＮｓ採用の背景

①連邦憲法裁判所（*Bundesverfassungsgericht*）が、１９８３年の国勢調査に汎用の共通番号を利用することは違憲となる可能性がある旨の示唆を含んだ判決（*Volkszahlungsurteil*）、および、この判決に基づいた汎用の共通番号の導入は基本法（憲法）上ゆるされないとする連邦議会（Deutscher Bundestag）の解釈。

②旧東ドイツでは、国民監視システムの象徴とも見られていた中央民事登録台

＊1　共通番号及び国民ＩＤカード制度問題検討名古屋市委員会意見書参照。Available at: http://www.city.nagoya.jp/shisei/category/52-24-0-0-0-0-0-0-0-0.html.

帳と個人識別番号制（ＰＫＺ＝Personnenkennzahl）を採用していた。しかし、東西ドイツの統合条約において、東ドイツの双方の制度が廃止された事実。

1　分野別限定番号制度の利点

ドイツの行政データベース（登録簿）においてはそれぞれ、国民各人の個人情報を、複数の分野別限定番号（ｓｓＰＩＮｓ＝sector specific PINs）を使って管理している。また、これらの番号は、データ・システム的にも連携（データマッチング／データ照合）に使用してはならないことになっている。それを情報連携（データ照合）に使うと違法となる。これは、共通番号（unified ＰＩＮ）の導入は、人格権の侵害につながり、憲法違反であるとの見解に基づく。

ドイツの行政データベースは多様である。電子ＩＤカード（ｅＰＡ＝*elektronischer Personalausweis*）データベース、パスポート（査証）データベース、運転免許証データベースのように、極めて身近なデータベースであっても、そのカード（証票）発行番号ないし識別番号（ＰＩＮ）は、ほとんど意識しないで使われている。

さらに、これら分野別番号として一般的に知られているものとしては、「健康保

ドイツの分野別限定番号（ssPINs）とデータベース（DB）の仕組み

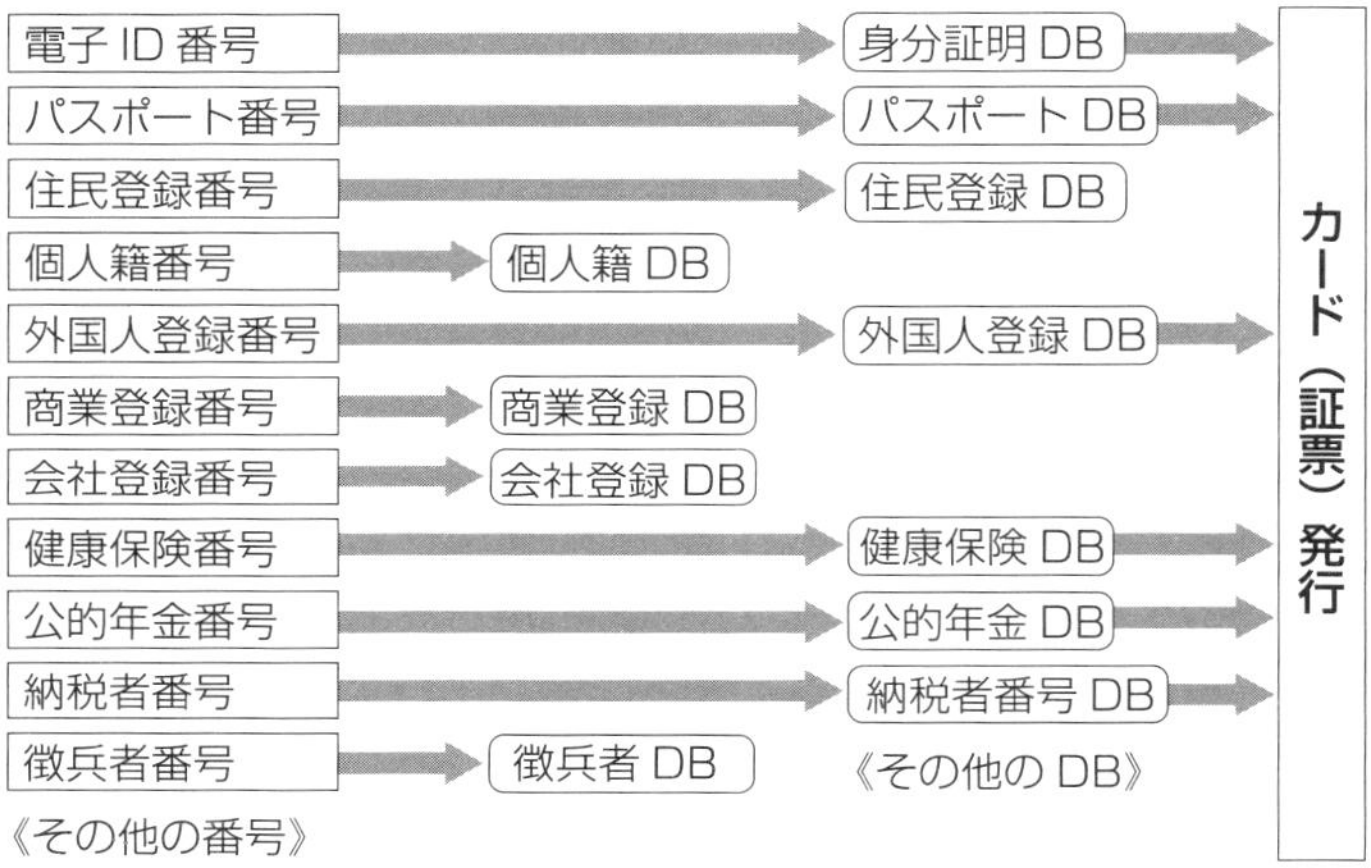

険番号」、「徴兵者番号」、連邦労働局の「顧客番号」、2008年に導入された出生時に付番・交付される「連邦納税者番号（*Steueridentifikationsnummer*）」などがある。これらの番号も、実務の現場では、あまり注目されない。

この背景には、こうした番号が、分野別となっており、他のデータベースとはリンケージできないことになっていることがある。

マスターキーのような機能を持つ共通番号（unified PIN）とは異なり、分野別の限定番号（ssPINs）は、他人の手に渡って、その番号を使ってほかの分野のデータベースへ侵入することができない。ドイツは相当数の人口を有するものの、他人の番号を悪用した〝成りすまし犯罪〟問題は深刻ではない。

これに対して、共通番号（SSN＝社会保障番号）を採用しているアメリカでは、〝成りすまし犯罪（identity theft）〟が深刻で、手がつけられない状態にある。

この違いは、明らかに、ドイツが各種のデータベースの管理に分野別の限定番号（ssPINs）を使っていることにある。

行政DBの高度化と番号制度の動向

ドイツにおいても、EU標準に基づき電子政府構想が着々とすすめられている。これまで、マニュアルベースで処理されてきた各種行政登録台帳のデータベース（電子登録台帳）化や証票のICカード（電子証票）化が急速にすすめられてきている。

1　電子IDカード（ePA）の導入

2000年に、連邦政府は、これまでの紙製の身分証明（ID）カードに代えて、IC仕様の新しいタイプの「電子IDカード（ePA）」を導入した。

このｅＰＡは、連邦行政機関が国民向けに提供する各種業務サービスの電子利用や電子商取引における本人確認や電子認証をする際に、電子証明書、電子署名に使うことがねらいである。

ｅＰＡに内蔵されたＩＣチップには、氏名・住所・性別・生年月日・出生地・カードの発行地などの情報が記載あるいは格納されている。ｅＰＡ格納情報は、悪用防止のため、各人のＰＩＮがないと開けない仕様になっている。

このｅＰＡは、実質的にデータマッチング（データ照合）には利用できない。なぜならば、連邦憲法裁判所の判決によると、データ照合が許されるには、法律で厳格な基準を示すと同時に個人の自己情報決定権を過剰に制限するものであってはならない（比例原則）などの縛りが強いからである。

ｅＰＡに搭載・格納された情報は、カード保有者が確認番号（ＰＩＮ）を提示に事前に同意した場合に限り、第三者がカードリーダーで読み取ることが認められる。つまり、ｅＰＡ保有者には、自己情報のコントロール権があることから、一定の条件を満たす場合に、カード内にある特定の個人情報の提供に同意するかたちとなっている。例えば自動販売機でたばこを購入する場合には、カード内の年齢確認機能だけを活用することが可能である（最小開示原則）。

2　納税者番号の性格

ドイツでは、2003年に、租税基本法（AO）を改正（139条のa〜139条のdの追加）して、連邦課税において個人の「納税者番号（*Identifikationsnummer*）」を、2008年から導入した。納税者番号は、数種類からなる。給与所得者用、事業所得者用、団体用、付加価値税番号などに分かれている。この番号は、課税庁と納税者との間の事務処理に使われる、わが国でいういわゆる「納税者整理番号」である。したがって、取引の際に第三者に提示したり、所得把握のための名寄せ・突合その他納税履歴の管理に使うことを目的とする番号ではない。また、税務手続において、納税者番号とePAとは結合して使ってはならないことになっている。納税者番号制度は、連邦財務省が所管しているが、徴税は州政府の業務であり、納税データも州が保有している。

3　納税者番号の付番の仕組み

ドイツでは、出生については州の住民登録庁へ届出ることになっている。この届出があった場合、住民登録庁は、連邦財務省に、その氏名・生年月日・性別・住所などの基本情報を通知することになっている。この通知があれば、連邦財務省は各人に納税者番号を付番する仕組みになっている。いわば、出生付番方式の納税者番号である。

納税者番号は、11ケタの番号コードで、生涯普遍である。性格的には、限定番号（ssPIN）である。したがって、その番号を使って、納税者から納税目的以外の情報を入手することやデータベースを構築することは禁止される。

ちなみに、租税基本法139条のbは、納税者番号を、民間機関や行政機関が共通番号（unified ID）として汎用することを禁止する。したがって、行政機関や民間団体は、納税者のデータを整理する場合や課税庁に送達する場合に限り納税者番号を利用することができる。民間機関が、これら認められた目的以外に納税者番号を利用した場合には、１万ユーロ以下の過料に処させる。

ドイツでは共通番号は憲法違反の論調

わが国の共通番号（unified PIN）制度は、ドイツ連邦憲法裁判所で争われると仮定した場合、先例（１９８３年判決〔BverfGE65, 1: census〕）によると、自己情報のコントロール権（プライバシー権）を侵害するものとして、憲法違反と判断されるものと解される。

わが国の住基ネット訴訟最高裁判所合憲判決（平成20年3月6日・民集62巻3号665頁）では、住民票コードを使った、名寄せなど多面的な情報結合の危険性に対しては、データマッチングも個別に法定されるはずであり、法定外利用は罰則と服務規律で禁止されており、かつ、現行法制では一元管理機関は存在しないので、国民の私生活上の自由を侵害する危険性はない旨の判断をしている。

これに対して、ドイツでは、データマッチングが法律で規制されているというだけでは合憲とされない。すなわち、データマッチングを認める法律では、個人の自己情報決定権を制限する措置を行政庁に委任している場合、あらかじめ制限の目的や理由などをその法律の中で明確にしておかなければならない。また、その制限は過剰ではなくその目的に比例したものでなければならない。これにより、国民・住民は、自己情報決定権にかかわる不利益について司法救済を受けることができることになるのであり、このような措置を講じていない法律は、違憲とされる。[*2]

＊2　平松毅「判例批評　住民基本台帳ネットワークシステムの合憲性（最高裁第一小法廷平成20・3・6判決）」民商法雑誌139号522～536頁参照。

むすび

ドイツでは、さまざまな行政分野を横断し串刺しするかたちで使う「共通番号(unified PIN)」は基本法(憲法)上ゆるされないとする考え方が固まっている。納税を含めさまざまな分野で立ち上げられている番号はいずれも、「分野別限定番号(ｓｓＰＩＮｓ)」である。また、データ照合(情報連携)についても、それを実施するにしても、連邦憲法裁判所が示した「法律で厳格な基準を示すと同時に個人の自己情報決定権を過剰に制限するものであってはならない(比例原則)」などの要件を充足するのは難しい。事実上、共通番号を使ったデータ照合(情報連携)は不可能である。

また、ドイツでは、１９９５年のＥＵ指令に基づく、オムニバス方式のデータ保護のための第三者機関(データ保護観察官／Beauftragter für den Datenschutz)を制度化し、連邦および各州に置いている。[*3] ここでも、基本法を厳しく適用・解釈することで、国民のプライバシー権保護に積極的な姿勢を示している。

＊3　平松毅『各国オンブズマンの制度と運用』(成文堂、２０１２年)３２９頁以下参照。

3 オーストリアの分野別限定番号制度
セクトラル・モデルの採用で徹底したプライバシー保護

石村耕治
PIJ代表

はじめに

ＥＵに加盟するオーストリアは連邦制をとる国家である。約８３９万人（２０１１年）の人口を擁する。オーストリアは、電子政府を構築するねらいで、２００４年３月１日に「連邦電子政府法」（E-GovG=E-Government Gesetz、以下「電子政府法」）を施行した。また、２００８年１月１日に改正法が施行された。同国における電子政府基盤の確立は、基本的に、この法律に基づいてすすめられてきている。

オーストリアにおける番号制度は、他国の制度にはないいくつかのきわだった特徴を有している。それらは、①ソースＰＩＮ（source personal identification number, Stammzahlen）と②分野別限定番号（ｓｓＰＩＮ=sector specific personal identification numbers）の採用、これらの番号の生成・付番・利用等においては③第三者機関〔データ保護委員会、ＤＳＫ=Datenschtzkommission〕に特別な役割を担わせていることである。

オーストリアのセクトラル・モデルとは

オーストリアでは分野別番号制度は、「セクトラル・モデル」と呼ばれる。このモデルは、秘匿の汎用番号（source PIN）から第三者機関を介在させて分野別限定番号（$ssPIN_1$, $ssPIN_2$, $ssPIN_3$……）を生成・付番し、各分野で利用する方式である。個人情報の横断的なリンケージに歯止めをかけることにより、個々人のトータルな個人情報を国家がマスターキー（共通番号）を使って直接掌握できないようにして、プライバシーを保護しようとするものである。[*1] また、番号漏えい時の被害も最小にすることがねらいである。

＊１　See, European Commission, eGovernment Factsheets: Aus-

個人用のソースPIN・分野別限定番号（ssPINs）の生成・付番の構図

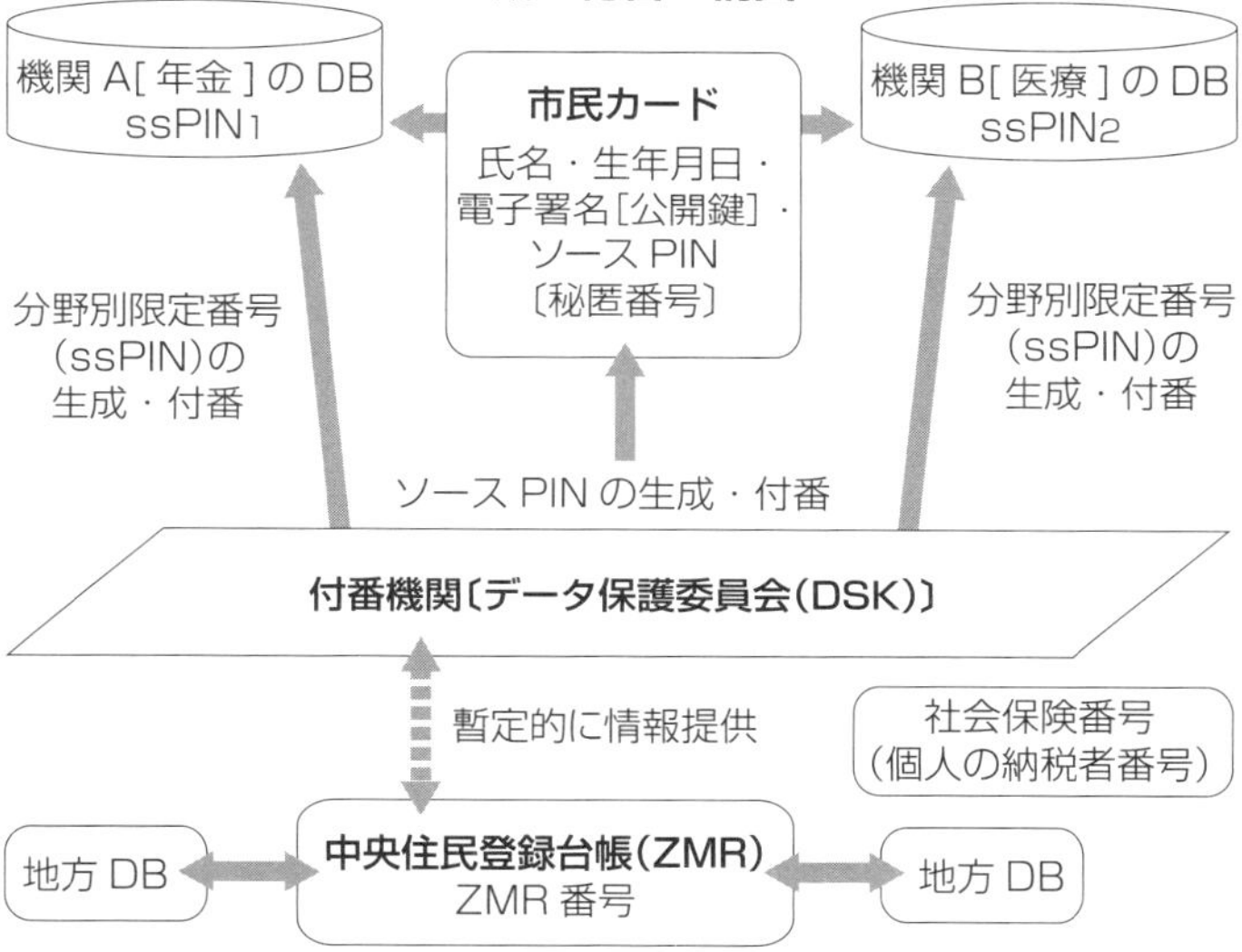

オーストリアの電子政府構想と番号制度の特徴

各国における電子政府構想の推進にあたっては、官民各種のデータベースの管理・運用にあたり、どのようなかたちの電子識別番号（eID=electronic identification number）を採用すべきか（共通番号か、複数の分野別限定番号か）、さらには、その識別番号を格納する媒体のあり方（統一的なICカードの取得・所持の義務づけの是非など）が重い政策課題の一

tria (February, 2010) ; Thomas Rössler, A-SIT, The Austrian Citizen Card. Available at: http://www.a-sit.at/pdfs/TRoessler_The%20Austrian%20Citizen%20Card.pdf.

拙論「オーストリアの電子政府と分野別限定番号制：複数の分野別限定番号制採用で徹底したプライバシー保護」CNNニューズ62号21頁以下、拙訳「抄訳オーストリアの電子政府法〔仮訳〕」CNNニューズ62号29頁以下参照。

つとされてきた。

連邦政府は、「電子政府が、個人情報の保護の危険性をさらに増す要因にならないようにすること」をモットー（政策指針）に、ｅＩＤ番号や電子認証証票を含む電子政府制度のあり方を模索した。こうした政策指針に基づいて考案されたオーストリアの各種データベース（電子登録台帳）の管理・運用に使われる「ｅＩＤ番号」の仕組みは、他国のe-ID番号にはないユニークな特徴を有している。

具体的にいうと、各種データベースの管理・運用においては、個人に付与された生涯不変の〝ソースＰＩＮ〟を直接使うことはせず、ソースＰＩＮを基に自動的に生成される複数の〝分野別限定番号（ｓｓＰＩＮｓ）〟を使っているのが特徴である。番号漏えい時の被害を最小限にするねらいがある。また、〝ソースＰＩＮ〟や〝ssPINs〟の生成・付番については第三者機関（連邦データ保護委員会〔ＤＳＫ〕）が、その任務にあたっているのも特徴である。つまり、ＤＳＫが、源泉となるソースＰＩＮをもとに、社会保障・年金・納税・教育等々、分野ごとのサービスや手続に限定して利用される番号（ｓｓＰＩＮｓ）を生成し、各行政分野では各人のｓｓＰＩＮをもとにそれぞれのデータベースに格納されたさまざまな個人情報を管理・運用する方式を採ってきている。

Available at: http://www.pij-web.net/pdf/cnn/CNN-62.pdf.

したがって、オーストリアは、アメリカや北欧諸国（スウェーデン・フィンランド・デンマークなど）などが採用、さらには、わが国の民主党政権が提案しているような、個人情報を含む各種のデータベース（電子登録台帳）の管理・アクセスに、〝共通番号（unified PIN=one unified personal identification numbers）〟を直接、汎用する仕組みを採用していないことである。また、ドイツのように各分野別の限定番号は容認するが、共通番号は憲法違反であり一切認めないとするのとも異なる。共通番号（オーストリアの場合はソースＰＩＮ）をオープンにし各種データベースの管理・アクセスに使う場合、共通番号は、まさに〝マスターキー〟と化す。当然、情報漏えい時の被害も格段に深刻になる。

オーストリアにおける「電子識別（ｅＩＤ）番号」の付番方式は、まさに、こうした〝マスターキー〟化を避ける工夫をした結果といえる。すなわち、システム上、第三者機関（連邦データ保護委員会）以外は、各人のソースＰＩＮに直接アクセスできないようにアレンジ（秘匿）したかたちで本人確認をする。また、各種のデータベースにおける本人確認、法定情報を収集・保存・頒布・管理等においては、それぞれの分野でしか利用できない分野別限定番号（ｓｓＰＩＮｓ）を使うことで各種データベース間での無秩序・横断的な情報の流通を遮断する、さらに、行政データベース間（ＤＢｓ）での横断的なデータ交換・データ照合を実施する場合には第三者機関（ＤＳＫ）による事前審査・介在を義務づける等々で、電子政府構想に不可欠とされる電子識別番号（eID numbers）とデータ保護（プライバシーの保護）の両立を目指したのである。

一種の共通番号ともいえるソースＰＩＮは、電子行政サービスや手続を望まない人は、そもそも取得する必要はない。一方、電子行政サービスや手続を望むことから、ソースＰＩＮを取得する場合でも、ソースＰＩＮおよびそれを基に暗号化プロセスを通じて自動的に生成される分野別限定番号（ｓｓＰＩＮｓ）を格納する媒体についても、各人がそれを自由に選択できる。一定の標準規格にあったＩＣ仕様の銀行カード、学生証、携帯電話、ＵＳＢメモリーなどさまざまな選択の途が用意されている。この背景には、統一的な国民登録証（unified eID）、〝現代版電子通行手形〟を導入することに対する国民のアレルギーに配慮してのことである。

社会保険番号の納税者番号への転用

オーストリアの番号制度は、中央住民登録台帳（ＺＭＲ）の各人の出生時に付番したZMR番号や基本情報をベースに「ソースPIN」、それから生成された「分野別限定番号（ssPINs）」を中核にして構築されている。しかし、社会保障と納税の事務に関する番号制度は、これらとはまったく別途の仕組みで運用されている。具体的には、社会保険組合が発行する健康保険カード面に記載されている「社会保険番号」が使われている。

この背景には、社会保障と税分野については、番号を各種取引に公開（見える化）して使わざるを得ない事情を考慮したことがある。

連邦データ保護委員会の所在と特徴

オーストリアの連邦データ保護委員会（DSK）は、行政から独立した第三者機関（データ保護機関）である。2000年連邦データ保護法（DSG=Datenschutgezetz 2000）第7編〔35条以下〕に基づいて設けられている。DSK（連邦データ保護委員会）は、データの不正利用（プライバシーの侵害）に関する紛争があった場合に事後的救済（苦情処理・審査請求）業務に加え、データの不正利用（プライバシーの侵害）が起きないように予防のための事前審査業務をも遂行しているのが特徴である。

また、すでにみてきたように、DSKは、とりわけ、ソースPINやssPINsを生成・付番、さらにはデータベース間（DBs）でのデータマッチング（データ照合・データ交換）の際の事前手続に関与しているのが特徴である。この事務は、前記2004年データ保護法ではなく、2004年・2008年電子政府法（E-GovG）に基づいて行われている。

1　委員の任期や資格

連邦データ保護委員会（DSK）は6人の委員からなる。これらの委員は、5年の任期で、連邦政府が指名する人物のなかから連邦大統領が任命する。再任は妨げない。委員はすべて、法律およびデータ保護の知見を有していなければならない（DSG36条1項）。法定する欠格事由に該当する者は、委員になることはできない（DSG36条5項）。連邦首相（Bundeskanzler）は、つぎの候補者から委員の指名することになっている（DSG36条2項・3項）。

連邦データ保護委員会の構成

・裁判所から1人：最高裁判所長官が用意した3人の裁判官である候補者（DSG36条2項1号）
・州（Bubdeslander）から2人：諸州が用意した候補者（DSG36条2項2号）
・労働団体から1人：労働団体が用意した3人の候補者（DSG36条2項3号）
・経済団体から1人：経済団体が用意した3人の候補者（DSG36条2項4号）
・連邦公務員界から1人：連邦公務員界出身で法的知見を有する候補者（DSG36条3項）

2　データ保護機関の〝存在意義〟の評価

EU諸国では、個人情報を保護するために官製の第三者機関（データ保護機関・プライバシー保護委員会等々）を置く国は多い。オーストリアのDSKもこうした機関の一つである。ただ、ひとくちにデータ保護機関といっても、その任務や組織は、国（あるいは州）により異なる。

例えばドイツのデータ保護観察官（Bundesbeauftragter für den Datenschutz）は、データの不正利用（プライバシーの侵害）に関する紛争があった場合に事後的救済（苦情処理・審査請求）にあたるのを主たる任務としている。

これに対して、オーストリアのＤＳＫは、データの不正利用（プライバシーの侵害）に関する紛争があった場合に事後的救済（苦情処理・審査請求）業務に加え、データの不正利用（プライバシーの侵害）が起きないように予防のための事前審査業務をも遂行しているのが特徴である。

一方で、アメリカのように、こうした〝大きな政府、ムダ〟につながる官製の第三者機関を置かずに、プライバシー上の紛争を全面的に自主規制、司法に委ねる国もある。

市民カードとは

オーストリアの電子政府制度では、「市民カード（Burgerkarte, Citizen Card）」の仕組みが必要不可欠な役割を担っている（電子政府法５条）。市民カードは、〝ソースＰＩＮ〟などを格納できるＩＣ仕様の各種媒体を総称し、情報格納機能を持ち、電子認証・電子署名機能を格納した証票類をさす。電子行政サービスや手続に加え、民間の電子商取引（eトレード）の際の本人確認（電子認証・電子署名）にも利用できる。

市民カードは、オーストリアの電子政府制度の根幹をなしている。〝市民カード〟と呼ばれているが、わが国の〝住基カード〟、〝共通番号カード（案）〟のような統一仕様のICカードをさすわけではない。オーストリアの場合、強制的な国民IC（ID）カード携行制度は採用していない。すなわち、オーストリアの〝eID〟の考え方は、〝1種類（ワンパターン）の市民カード〟を想定していない。〝eID〟仕様を標準装備した電子証票類を想定しており、一定の要件を満足した適格「市民カード」であればよい。具体的には、基本個人情報を搭載しかつ〝ソースPIN〟を格納でき、電子認証・電子署名機能を有している、さらには、一定のデータ安全基準を充足しているなどが要件である。

健康保険証がICカード化されていることから、ほとんどの国民はICカードを最低1枚は所持している計算になる。もっとも、ICカードを所持していても、電子行政サービスや手続を利用したくない人は、ソースPINを搭載する義務はない。あくまでも、電子行政サービスを利用したい国民だけが搭載することになっている。

これは、高齢者や障害者など電子行政サービスや手続に参加することに困難がある人たちに配慮し、デジタルデバイド（ＩＴ技術の恩恵を受けられる人とそうでない人との間に生まれる情報格差）問題を対応するためである。

適格市民カードには、健康保険ＩＣカード、ＩＣ仕様の学生証、オーストリア経団連のような団体が発行するＩＣ仕様の会員カード、銀行が発行するＩＣカード、電子署名・認証機能内蔵型携帯電話などが該当する（ほかに、本人申請に基づいて内務省が発行している電子身分証明書〔Ａｕｓｔｒｉａｎ　ｅＩＤ。外国籍オーストリア居住者・オーストリア非居住者・外国の電子身分証明書利用者向けに発行〕がある）。

むすびにかえて――わが国でのオーストリア方式の評価

民主党政権誕生に伴い総務大臣を務めた原口一博議員は「番号に関する原口５原則」（２０１０年４月５日）を公表した。ここでは、データベース相互間の横断的なリンケージ（接合）にハードル（壁）を設けるねらいからセクトラル・モデルの採用を示唆する。

住民票コードとリンケージした分野別番号制の仕組み

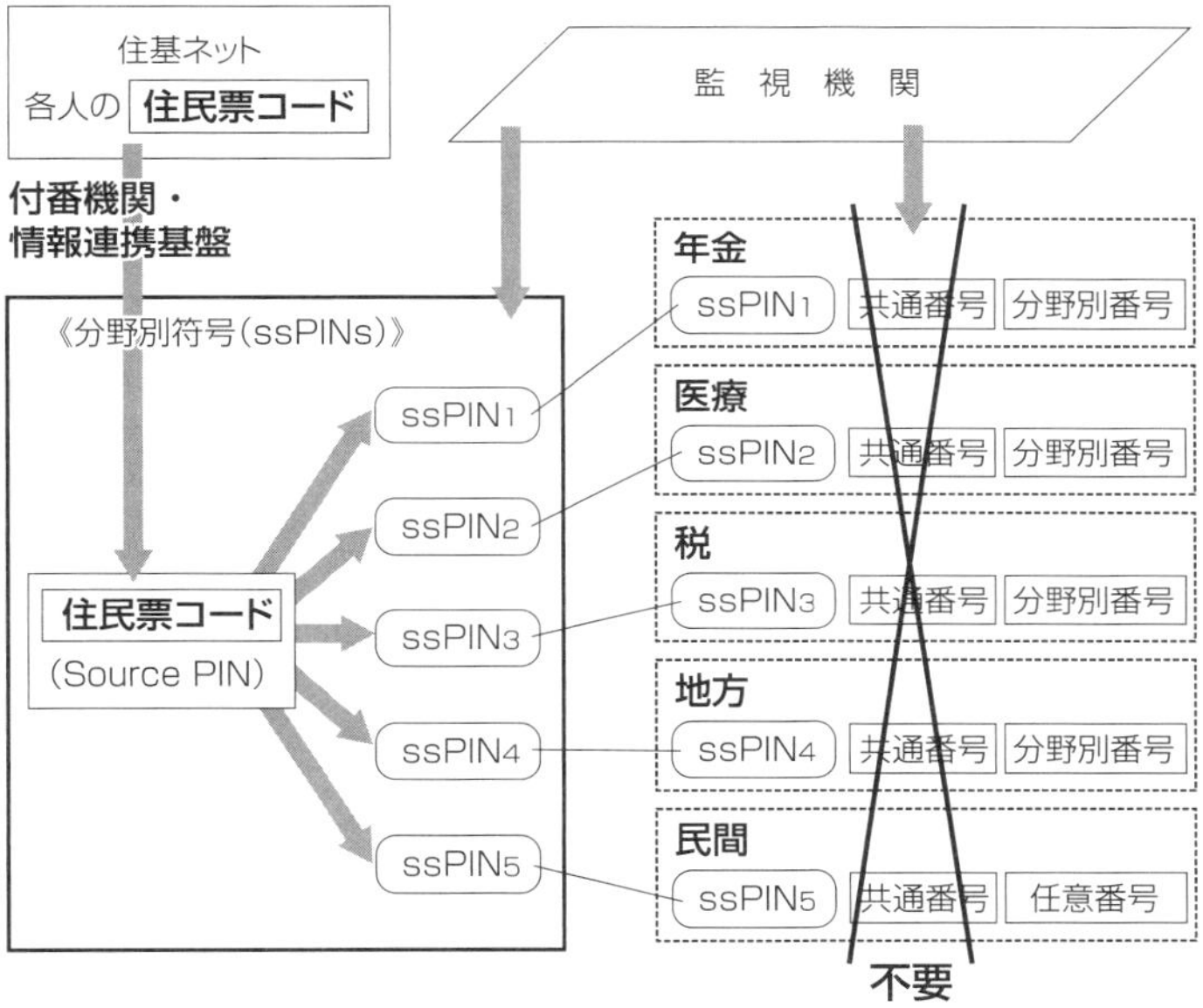

仮に、わが国で、この「セクトラル・モデル」を採用すると、既に住基ネットをベースとした秘匿の住民票コードがあり、これを使えばよいわけで、新たに共通番号制度を導入する必要はない。

《主要参考文献》

・European eGoverment Services, eID Interoperability for PEGS: National Profile AUSTRIA （iDABC, November 2007）.【Available at: http://www.epractice.eu/en/factsheets/】

・ＥＵが出している「国別電子政府の現状シリーズ（eGovernment Factsheets)」のうちから、『オーストリア（Austria; Osterreich）編【２０１０年２月現在】』【Available at: http://ec.europa.eu/idabc/servlets/Doc?id=31519】.

・Data Protection Act【Datenschutzgesetz（DSG）2000】【Available at Austriahttp://www.dataprotection.eu/pmwiki/pmwiki.php?n=Main.AT2】.

・The Austrian Citizen Card : Interoperability and Integration of Technologies【Available at: http://www.a-sit.at/pdfs/20061030% 20Bozen% 20Technology-Austria.pdf】.

・eGovernment Unit, DG Information Society and Media, European Commission, The Status of Identity Management in European eGovernment initiatives（June, 2006）【Available at: https://www.cosic.esat.kuleuven.be/modinis-idm/twiki/pub/Main/ProjectDocs/modinis.D3.5_Identity_Management_Initiative_Report_1_IIR1.pdf】.

・Waltraut Kotschy, "The Austrian E-Government System: Towards Data Protection Compatible E-Government," in Proceedings of the 2nd International Workshop EG & DP 2006【Available at: http://www.ip-rs.si/fileadmin/user_upload/Pdf/razno/W21.pdf】.

・The Austrian E-Government Act〔Federal Act on Provisions Facilitating Electronic Communications with Public Bodies〕【Available at: http://www.bcn.cl/carpeta_temas/temas_portada.2005-11-14.7329717567/legislacion-extranjera/acta_gobierno% 20electronico_austria.pdf】.

・その他。

4 スウェーデンの共通番号制度

完全なデータ監視のもとで生かされる社会

石村耕治
PIJ代表

はじめに

スウェーデンは「フラット・モデル」の共通番号制度を導入する国の一つである。スウェーデンは、国土面積はわが国の1・2倍であるが、人口は約938万人（2011年。愛知県〔約741万5千人〕と岐阜県〔約207万4千人〕を合わせた）程度である。

「フラット・モデル」の番号制度とは、個人のプライバシー保護をあまり配慮することなしに同一の番号を一般に公開（見える化）して官民にわたり多目的利用（汎用）するモデルである。スウェーデンにおいてこのモデルが機能している背景には、社会の集団のニーズに対し個人の権利は従属的でよいとする国民性を指摘する声もある。このモデルでは、番号を汎用すればするほど、成りすまし犯罪、地下経済や課税漏れが深刻になる問題もある。

スウェーデンの共通番号制度とデータ保護の仕組み

スウェーデンでは、１９４７年に全住民を対象に生年月日を活用し出生時に付番・交付する形で10桁の官民汎用の共通番号（personnummer）制度を実施した。この番号は一般に公開（可視化）して官民のさまざまな目的に使われ、１９６７年にシステムが電子化され現在にいたっている。

また、共通番号を使った自動データ処理や個人情報の集積に対する国民の不安の高まりを受けて、１９７３年には、世界に先駆けて「データ法」を制定した。この法律は、その後各国が制定していったプライバシー（個人情報）保護法のモデルとなった。また、１９７４年には、「データ検査院（Datainspectionen）」を設けた。

データ検査院は、データ法のもと、センシティブ（機微）な個人情報を扱うデータベース設置・利用に関する許可制度の運営、データ照合プログラム（コンピュータ・マッチング・プログラム）の評価をはじめとしたプライバシー問題を専門に扱う特別のオンブズパースン（政府第三者機関）である。プライバシー侵害事案やその他苦情事案を処理・対応する組織とされているものの、人員等の限界もあり、この面での活動は極めて限定されている。いずれにしろ、データ検査院は、その後、フランスやカナダをはじめ多くの国で、プライバシー専門の政府第三者機関を設ける際のモデルとなった。[*1]

データ監視国家の実際

スウェーデンは、「高福祉、高負担国家」としてはもちろんのこと、さまざまな意味で「プライバシー先進国」としてのイメージがある。ところが、こうしたイメージとは裏腹に、西欧や北米のプライバシー問題専門家からは、監視ツールである共通番号を汎用しデータ監視社会（dataveillance society）の構築を許してしまった国として厳しい評価にさらされている。

スウェーデンでは、共通番号の付番・管理機関は課税庁（国税庁／Statteverket）である。共通番号は当初から一般に公開（可視化）したかたちで

*1　平松毅『個人情報保護：制度と役割』（ぎょうせい、1999年）151頁以下、拙著『納税者番号とは何か』（岩波ブックレット331号、1994年）35頁以下参照。

まったく制限なしに使われてきた。このため、共通番号は、税務を含むあらゆる行政機関、さらには学生登録や電話代の請求書、預金やクレジット口座の開設・管理、医療給付、運転免許から定期券購入の果てまで、幅広く多目的利用されている。

また、警察、課税庁、国家統計局などはそれぞれ、各人の共通番号を使い、あらゆる国民・住民の個人情報を収集、データベース化し、串刺し管理している。各種民間機関も同じような状況にある。

スウェーデンに居住する者は、共通番号なしには、日常生活が難しい。このため、1年未満の短期滞在者や外交官などには暫定共通番号（samordningsmummer）が交付される。また、官官、官民・民官の間での国民・住民データの照合は、マスターキーである共通番号を使って縦横に頻繁に実施されている。

このように、スウェーデンでは、第二次大戦後早くから、共通番号を使って国民・住民の個人情報を収集・管理し、徹底したデータ監視社会化が強力に推進された。１９７６年には、この生涯不変の共通番号を使って、基本的な個人情報を集中管理する「全国住民登録台帳（データベース／folkbokforingsregister。英語ではSPAR=Swedish Population and Address Registerと表記）が設けられた。[*2]

国税庁が所管する全国住民登録台帳（ＳＰＡＲ）は、同国特有の社会主義の理念

＊2　See, Swedish Tax Agency, Population registration in Sweden. Available at http://www.skatteverket.se/download/18.70ac42161e2a997f858000102733/717b04.pdf.

に基づき「基本的な個人情報はすべて公が収集、管理、頒布する。個人情報は、自他を問わず、公の支配のもとにあるデータベースにアクセスすれば誰でも知ることができる」といった趣旨で設けられている。スウェーデン人の基本的な個人情報は、このSPARでの管理に加えて、スウェーデン国教会の脱国教会化にともない1991年に国税庁に移管された伝統的な「個人籍簿〔出生・婚姻・死亡記録簿／folkbokforing〕」で管理されていた旧い情報、〔順次現在各地区の歴史資料館へ移管〕でも管理している。

SPARには、居住外国人を含む全住民について、次のような項目が搭載されている。

全国住民登録台帳（SPAR）項目一覧

○各人の氏名、○共通番号・暫定共通番号、○出生地（国内、海外）、○国籍、○婚姻関係、配偶者・子ども・後見人・養子、○住所、○登記している資産・行政区・自治体、○移民・移住、○海外の住所、○死亡日・埋葬場所、○婚姻届出日など各個人は、搭載情報に変更が生じた場合には、1週間以内に国税庁へ届出をする義務を負う。一方、SPARは、求めがあれば、官民の各機関に各人の掲載情報やその変更情報を提供できることになっている。

近年、国民のプライバシー意識の高まり、とりわけ第三者通報（密告）制度への嫌悪感の高まり、さらには財産税の廃止などを受けて、かつて搭載していた本人の所得税賦課額や本人および家族の所得額や課税対象資産の価額などの項目はSPARに搭載されなくなった。

公の支配（SPAR）のもとに置かれている各人の基本情報は、手数料を払えば、家庭内暴力（DV）に悩む配偶者など特殊な事情がある場合を除き、原則として誰でも入手することができる。営利目的でダイレクトメール（DM）を出したい企業は、例えば20歳から25歳までの女性の住所・氏名のリストをオーダーし、手数料を支払って入手することが可能である。

ちなみに、わが国では、プライバシー保護意識の高まりから住民登録情報を一般には非開示にする傾向を強めている。ところが、スウェーデンでは、わが国とは真逆の政策を維持しているようにも見える。スウェーデン社会における個々人のプライバシー意識の希薄さは、伝統的に続けられてきた「高福祉、高負担」政策が大きな要因と指摘する向きもある。また、北米の識者のなかには、スウェーデンにおいてデータ監視社会化が進んだのは、社会の集団のニーズに対し個人の権利は従属的でよいとする国民性も一因との分析もある。

共通番号を使ったデータ監視国家への賛否

スウェーデン国内には、現行の共通番号制度に対する批判がないわけではない。共通番号を使った監視国家では、個人のプロファイリング（虚像化）が容易にでき、国家が個人のいかなる生活の場面にも入り込み追跡できる。こうした仕組みは、人間の尊厳の保障や個人の幸福にはつながらないとの鋭い指摘がある。

他方で、こうした批判に対しては、反論もある。マスターキーを使った国民データの電子集約管理は利便性も高く、効率を優先する時代の要請であり、かつての経験からドイツナチスのような人種偏見の強い国の侵略があった場合、一瞬にしてデータを消去・破壊できることから、文書管理よりは、敵の手から国民を護るには効率的・合理的であるとの主張が一例である。

これまでも、スウェーデンにおいては、プライバシー保護の観点から共通番号の利用を制限しようという政治の動きがなかったわけではない。１９７８年に、国会の「データ法改正委員会（ＤＡＬＫ）」がこの問題を検討した。また、１９８４年には、当時の野党のリーダーが、自由な社会確立のために共通番号の利用制限を訴えた。さらに、１９８７年に、政府は「データ保護と公開の原則に関する委員会」を設置し、共通番号の利用制限を検討させた。

しかし、いずれの場合においても、共通番号の利用制限が必要との結論に至らなかった。この背景には、官民が保有する膨大な数のデータベースへのアクセスナンバー（本人識別番号）として共通番号が使われている事情がある。今になってこうしたアクセスナンバーを変えるとした場合、膨大なコストがかかる。まさに、いったんフラット・モデルの可視的な共通番号を導入しそれを官民で汎用した暁には、さまざまなプライバシー問題が生じたとしても、後になって規制を掛けることは至難の業であることを教えてくれる。

共通番号を悪用した成りすまし犯罪の急増

近年、スウェーデンは、成りすまし犯罪の急増に手を焼いている。総件数では少ないものの人口比発生率で見ると、アメリカに次ぐ「なりすまし犯罪者天国（haven for identity theft）」である。

前記のようにスウェーデンでは久しく、各人の生年月日・性別をベースに生涯不変の共通番号を付番する仕組みを採用してきた。このため、マスターキーである共通番号は容易に組成でき、成りすまし犯罪を誘発する大きな原因となっていた。

このように、スウェーデンが成りすまし犯罪比率の高い国家になってしまった最大の原因は、見える化した共通番号を、導入当初から、官民にわたる無制限な利用を放置したことにある。

スウェーデンの人口は約９４０万人程度である。これに対して、わが国の人口は約1億２７９２万人である。現在わが政府が検討しているフラット・モデルの可視的な共通番号を導入し官民にわたる無制限な公開利用を許せば、成りすまし犯罪などが多発し、極めて深刻な社会問題となるのは必至である。

共通番号による監視と課税漏れ

スウェーデンが共通番号制導入によるデータ監視社会化に突き進んだのは、「高福祉高負担」政策が一番の要因である。つまり、「福祉の不正受給、課税漏れは絶対に許さない」という考え方が、その背景にある（ちなみに、スウェーデンの国民負担率は59・0％、うち租税負担率は46・9％である〔2008年〕。消費税率も標準税率が25％で、食料品にかかる軽減税率が12％である。一方、わが国の国民負担率は40・6％、うち租税負担率は24・3％である〔2008年度〕）。

しかし、この裏で、スウェーデン政府の最大の課題のひとつが、当局が把握できない無届就労や租税回避・ほ脱などからくる「課税漏れ（tax gap）」対策になっていることにも注目する必要がある。課税漏れは、政府報告（2008年）によると、国内総生産（GDP）の10％程度にも達する。[*3]

スウェーデンのEU（欧州連合）加盟後、高負担や共通番号によるデータ監視を嫌って、他のEU諸国へ転出する若者も少なくないと聞く。これは、経済や人の流れのグローバル化が加速するなか、一国が高負担政策や国民所得に対する番号管理を強めれば強めるほど、逆に、無届就労、地下経済、他のEU諸国などへの課税源の移転が深刻になることを物語っている。

＊3　See, Tax Gap Map in Sweden 2008 (Swedish National Tax Agency, 2008). Available at http://www.skatteverket.se/download/18.225c96e811ae46c823f800014872/Report_2008_1B.pdf.

むすび

スウェーデンのような人口規模の小さな国家においては、共通番号を縦横に駆使して完全なデータ監視社会を構築することは比較的容易に思える。しかし、国民がデータ監視の中で生かされる社会を望むかどうかは、それぞれの国民性や政府の信頼度などによるところも大きい。「社会保障は後回し、大増税だけに走る」日本の政権に、スウェーデンを手本に、共通番号の導入やデータ監視国家の是非を語る資格はない。

5 インターネット時代の韓国住民登録番号制度

ベストマッチの落とし穴

小笠原 みどり
ジャーナリスト

はじめに

異文化を理解するのはたやすいことではない。たとえそれが、客観的に説明しやすい制度や法律だったとしても、わかったと思った瞬間に下敷きとなっている別の制度や歴史、経済、ものの考え方や価値観に突き当たる。どこを切り取るにしても、自分のなかにしみついた「ニッポンの常識」とその限界に気づかされ、文化の全体像を避けては語れないのに輪郭をつかむことすら難しい。

だから「外国にある制度なので日本も遅れをとるな」といった安直な提案は、たいてい全体像に触れていない。共通番号制度を法案化した政府がそれだ。「社会保

おがさわら・みどり　元朝日新聞社会部記者。カナダ・クイーンズ大学修士課程修了。主な著作に『世界中のひまわり姫へ――未来をひらく女性差別撤廃条約』（ポプラ社）、『路上に自由を――監視カメラ徹底批判』（共著、インパクト出版会）、訳書にD・ライアン『監視スタディーズ』（共訳、岩波書店）などがある。

障・税に関わる番号制度に関する検討会中間取りまとめ」（２０１０年6月29日）は、「A案（ドイツ型）」「B案（アメリカ型）」「C案（スウェーデン型）」とまったく違うシステムをあたかもすべて共通番号制度であるかのように並列し、「社会保障・税番号大綱」（２０１１年6月30日）では、「このような番号制度は、既に諸外国の多くで導入されている」（4頁）と既成事実化している。共通番号制度や国民ＩＤ（識別）制度を推進するＩＴ系企業やシンクタンクの研究者の著作も同じく、システムの技巧に終始する単純さだ。

ドイツの納税者番号、アメリカの社会保障番号、そしてスウェーデンの個人番号は、それぞれ使われている分野、目的と発達の経緯が違い、さらに土壌となる人口規模、政治の透明性、個人の尊重度までまったく異なる。それら全体像に近づこうともせず、「戸籍や住民登録制度が無かったために社会保障番号を導入したアメリカ」（傍点引用者、社会保障・税番号大綱５頁）というのだから、我田引水もはなはだしい。「まんじゅうがなかったためにケーキが発達したフランス」というだろうか？　戸籍もまんじゅうも世界のほとんどの地域にはないのだ（戸籍や住民登録をアメリカ人に説明するのに、どれほど苦労することか！）引っ越すたびに役所に住所の届け出るのが当たり前と思っている私たちは、そんな義務のない国の制度を理解するのによくよく自身の感覚を疑わなくてはならない。

驚くのは、こういう官僚の倒錯的な作文、技術系ビジネス人の情報のつまみ食い、それらを受け売りする政治家の無知が、報道でもそのまま出回り、取材も検証もされないことだ。取材も検証もしないのに、なぜかほとんどの全国紙が賛成している（本書第3部4を参照）。この批判精神のなさこそ、ドイツ、アメリカ、スウェーデンのいずれの国にもありえない政治文化だろう。その結果、ほとんどの人が共通番号とはなにか知らないうちに法案が成立しようとしている。これも制度を動かすこの国の「民主主義」の内実を決定的に言い表している。

その意味で「主権者たる国民の視点に立った番号制度の構築」という社会保障・税番号大綱の副題は、したたりおちるくらいの嘘を含んでいる。多くの国民が原子力発電所の全廃を望んでも再稼働するのに、識別番号が一夜にして国民を主権者にするのか？　社会保障政策そのものが抑制路線なのに、識別番号が生活保護費を増大させるのか？

過去を反省せずに新たな未来が描けないように、これまでの日本の政治文化から切り離して番号制度を語ることはけっしてできない。時局便乗型の夢物語を自らに禁じたうえで、外国の経験を検証していきたい。

韓国の住民登録番号制度は、①国内に暮らす一人ひとりに固有の識別番号をふり、②識別番号に基づいて政府と民間が個人情報を共有し、③番号取り扱いの際の証明としてＩＤ（識別）カードを持ち歩かざるをえない、という点で共通番号制度の三本柱と一致する。もともと日本の植民地支配にルーツをもち、朝鮮戦争休戦下で軍事政権によってスパイの洗い出しのために導入された住民登録番号は、日本の近現代史と無縁ではない。その統制色の強い発明品が50年間に日常生活の細部にまで浸透し、国家だけでなく企業が個人情報を収集する手段となった。さらにインターネットに便利な識別番号として出回ったことで、爆発的な個人情報の流出が起きている。グローバルな資本の移動を支えるＩＴ化が「唯一の識別番号」の市場価値を高めるとともに、その執拗なまでの識別の脆弱性を露わにした。インターネットと唯一の識別番号はマーケティングにも言論監視にも最適な組み合わせ、「ベストマッチ」のはずだったが――。

そうした事実を知られたくないからか、日本の社会保障・税番号大綱は、隣国の歩みを「安全保障上の要請から導入した韓国」（5頁）というあいまいなひとことで触れただけだ。その現状と背景をここで報告する。都合の悪いことは見ない、聞かない、言わない、この国の最たる政治文化に少しく異議を記すためにも。

止まらない大量流出

2012年7月、ソウルの地下鉄合井《ハプチョン》駅のホームには通行人の背丈を超える大きな広告が張り出されていた（写真1）。コメディアン風の男性がおどけた仕草で個人情報流出に注意を促している。ここ数年、韓国ではインターネット事業者からの個人情報の超大量流出が相次いでいるからだ。

2008年1月、インターネットオークション会社から1863万人分の情報がハッキングによって、9月に石油会社「GSカルテックス」から1125万人分が従業員の販売未遂によって流出した。2011年には7月に大手検索サイト「ネイト」とソーシャル・ネットワーク・サービス「サイワールド」を運営する「SKコミュニケーションズ」から過去最大規模の3500万人分がハッキングされ、その後も同年11月に子ども向けゲームサイト「メープルストーリー」を運営する「ネクソン」から1320万人分が流れ、とどまる様子がない。

民主党・田炳憲《チョン・ビョンホン》議員の国会での追及によると、それ以外の事件も含めて、

写真１
「キミキミ、個人情報守ってあげるよ！」と呼びかける地下鉄ホームの広告。放送通信委員会などの政府機関と通信事業者が広告主だが、内容は「疑わしいアプリはダウンロード禁止」という程度で、相次ぐ個人情報の大量流出に有効な対策を見出せていない（韓国・ソウル市内で、小笠原撮影）

２００８年1月から11年11月までに少なくとも計1億１９７７万人分の個人情報が流出したことが明らかになった。韓国の人口は約５０００万人で、単純に計算しても一人につき2回以上の情報流出があったことになる。

ＳＫコミュニケーションズの事件では、流出した個人情報は名前、ＩＤ、メールアドレス、携帯電話番号、パスワード、住民登録番号。[*1] この最後の住民登録番号が、韓国の

＊1 ２０１１年7月29日付中央日報日本語版。

「マイナンバー」に当たる。すべての行政機関と多くの民間団体が、この13桁の識別番号を個人情報の基礎として保有し、その他の個人情報を蓄積し、検索する「唯一の鍵」として使用している。運転免許証やパスポートの取得、銀行口座の開設、クレジットカードの作成、各種保険への加入、レンタル店の利用まで、韓国では官民を問わず、生活のほぼあらゆる場面で住民登録番号が必要とされ、ほとんどの人が住民登録証を持ち歩く。

だから住民登録番号さえ手に入れれば、そこから他人の詳細を知ることはたやすい。他人の住民登録番号を使って銀行口座を開設したり、不動産取引をしたりといった他人への「なりすまし」犯罪は、以前から珍しくなかった。わたしは２００２年夏にも同様の取材でソウルを訪れたが、前年1月に大規模なクレジットカード詐欺が摘発されていた。２００２年4月には、警察庁が精神科通院記録者リストを国民健康保険管理公団から手に入れて、運転免許の適性検査を受けるよう通知するという目的外使用があり、病歴を知った家族や上司から本人が離婚や離職を求められるという被害が起きていた。[*2] こうした住民登録番号の流出と流用は、10年の間に対策がとられるどころか、韓国政府の誇るＩＴ化によって爆発的に拡大していたのだ。国家の保障する唯一の識別番号が、インターネットに最適な認証方法と

＊2　２００２年8月1日付朝日新聞。

して使われたがゆえに。

ヴォイス・フィッシング

流出した情報はマーケティング目的で企業に売られるほか、「ヴォイス・フィッシング」と呼ばれる手のこんだ電話詐欺の増加につながっているようだ。インターネットの自由とデータ保護を提唱するNGO「進歩《ジンポ》ネットワークセンター」の政策担当スタッフ、張如景《チャン・ヨギョン》さんが例を挙げる。

郵便局を名乗る電話がかかり、あなたの住民登録番号と名前を告げ、本人かと尋ねる。さらに「最近、クレジットカードをつくらなかったか?」と聞き、否定すると「預金が引き出され、犯罪に関係しているかもしれないので、警察に連絡してもいいか」と問う。了解すると5分後、今度は警察を名乗る電話が入り、やはり住民登録番号で「本人確認」され、「クレジットカードがおかしいので預金口座を保護する。ついては警察の口座に預金を移動させるように」と入金を促されるという。名前と住民登録番号を告げられることで、多くが公的機関と信じやすい。

「子どもを誘拐している」という身代金要求の詐欺もある。子どもの名前や通学先まで詳しく述べるのでだまされやすい。住民登録番号を通じてその他の情報も容易に手に入るからだ。先に携帯電話会社をかたって子どもに電話し、回線不良のため電源を30分間切っておくようにと告げてから、母親に脅迫電話がかかってきたケースもある。ターゲットにされやすいのは子どものいる女性と高齢者で、大学の学費をだまし取られて自殺した学生もいるという。インターネットオークション会社の流出事件では、張さん自身も被害者になった。信用調査会社の「個人情報盗用確認サービス」によって、自分の住民登録番号を使ってゲームサイトに何回もＩＤがつくられたことがわかった。信用調査会社は流出事件をビジネスチャンスにしている。

　情報を流出させた会社がとる責任は、極めてあいまいだ。このオークション会社に対しては、被害者14万人がソウル中央地裁に損害賠償を求める訴訟を起こしたが、10年1月に「ハッキング防止のためにとるべき管理者としての義務に違反したとはいえない」として敗訴した。[*3] これに対し、ＳＫコミュニケーションズに対する損害賠償請求裁判では、12年4月に大邱《テグ》地裁亀尾《クミ》市裁判所が被害者に慰謝料１００万ウォン（約7万円）の支払いを命じる判決を出した。[*4] こうした訴訟が流出とともに増加し、裁判所の判断は分かれるが、損害が認定されても流出自体は安く見積もら

＊3　聯合ニュース（韓国語）。http://www.yonhapnews.co.kr/economy/2010/01/14/0303000000AKR201

れる傾向にある。流出企業は情報が使用された結果まで調査しないし、ヴォイス・フィッシングにも責任をとらない。まして流出した情報はけっして回収できない。

住民登録番号の流出被害が深刻なのは、政府が番号の変更を認めない点にも原因がある。クレジットカードを落としたなら無効にし、スパムメールが多いならアドレスを変更することができる。進歩ネットはＳＫコミュニケーションズ事件の被害者80人と他の人権団体と２０１１年11月、政府の行政安全部と市郡区に対して住民登録番号の変更を求める訴訟をソウル行政裁判所に起こした。２０１２年5月の一審判決は「社会的混乱を招き、費用が多くかかる」という理由で原告の訴えを退けた。張さんは「人々は唯一の番号があれば体系的に管理されて安全と錯覚しているが、実は番号は弱点。目的別に分けるべきだ」と、ＩＴ化によって露呈した番号の脆弱性を指摘する。

インターネット実名制

瞬時の大量流出は、コンピュータの膨大な情報保有量とインターネットのネットワーク性をよく表している。韓国では、大手のインターネット事業者は利用者の住

0011407235200 4.HTML

＊4　２０１２年4月27日付　朝鮮日報日本語版。

民登録番号を収集してきた。２００４年から段階的に、インターネット掲示板の運営者が利用者の実名を把握する「インターネット実名制」が導入されたからだ。サイト運営者は利用者に名前と住民登録番号を入力させて信用調査機関に送信、一致した場合にだけ利用できるようにする（写真２）。書き込み画面に必ずしも実名が現れるわけではなく、ハンドルネームやＩＤだけの場合が多いが、サイト運営者はいつでも本人を特定できる。

２００４年３月の改正「公職選挙及び不正防止法」（公職選挙法）施行を皮切りに、大手マスコミのサイトに選挙期間中、選挙に関する書き込みをする際に実名制が義務づけられた（実際の適用は２００６年５月の地方選挙から）。対象とならなかった国や自治体のサイトも、同様の仕組みを取り入れていった。これを一般のサイトにも拡大する「情報通信網利用促進及び情報保護等に関する法律」（情報通信網法）の改正案が２００６年に成立。２００７年７月の施行時にはマスコミサイトは一日平均利用者が20万人以上、一般サイトは30万人以上を対象としたが、２００９年１月には施行令が改正されて一日平均10万人以上のサイトへと対象が拡大した。２００８年に37だった対象事業者は、２０１０年２月に１６７事業者になり、韓国の有力メディア全体に網がかけられた。[*5]

＊5　金光石「インターネット上の

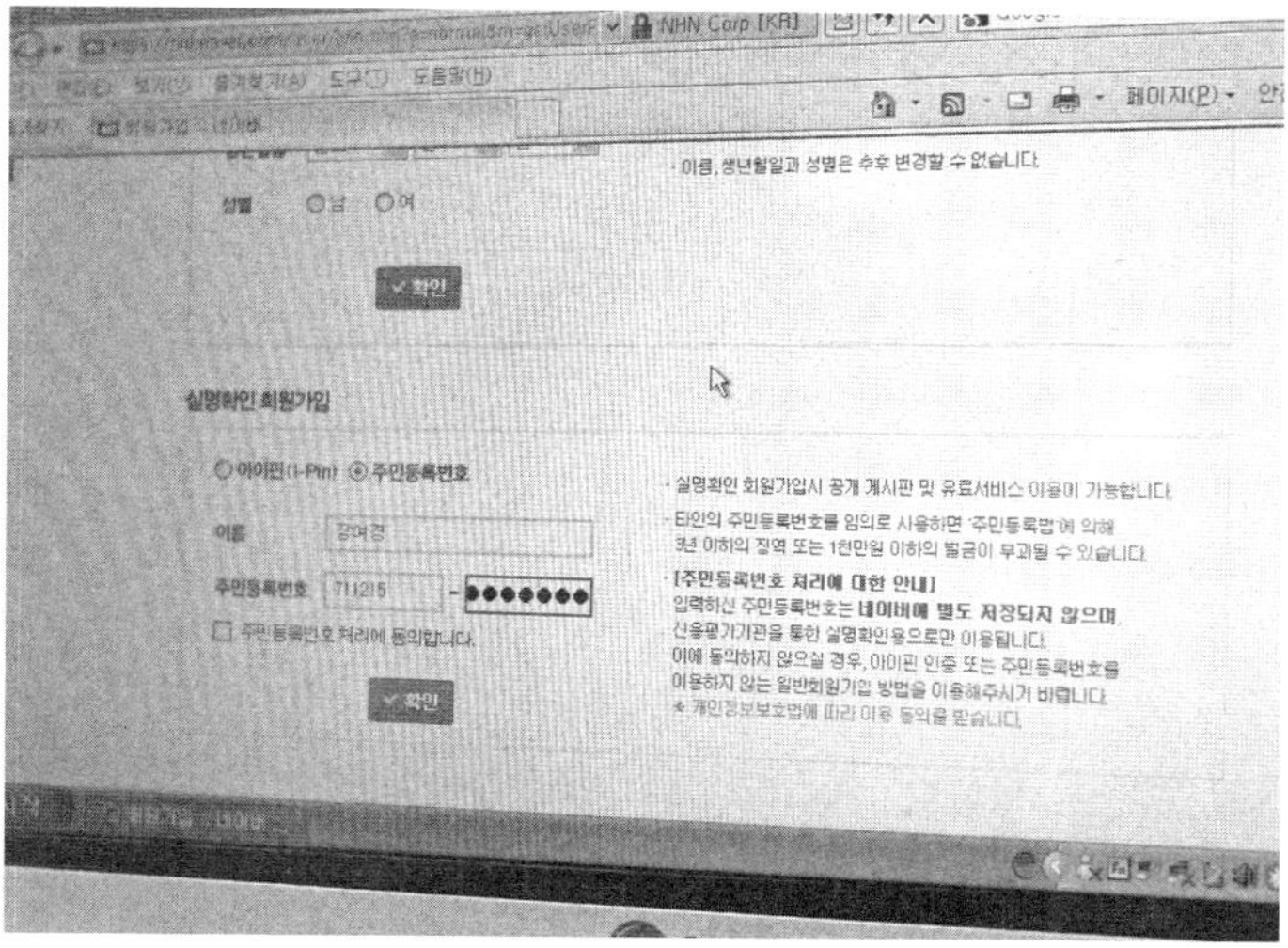

写真２
「インターネット実名制」のため、大手サイトを利用しようとすると表示される画面。名前と、住民登録番号かｉ―PINの入力を求められる。数字は生年月日に当たる住民登録番号の前半６桁で、伏せ字の部分が後半の７桁（韓国・ソウル市内で、小笠原撮影）。

ネット上の悪質な書き込みを防止するという美しい立法目的とはうらはらに、実名制は確実に個人情報の大規模流出を後押しした。SKコミュニケーションズ事件を調査した国会議長の直属機関、立法調査処は原因が実名制にあると結論づけた。政府もそれを認めざるを得なくなり、情報通信網法を改正して２０１２年８月から企業はインターネット上で住民登録番号を収集してはならず、すでに保有している番号も２年以

実名制に関する憲法学的考察（一）——韓国における公職選挙法と情報通信網法を素材に」（法政論集２４３号（２０１２年））。

内に破棄しなければならないとした。結局、実名制によって悪口雑言が減ることはなかった。

流出対策として行政安全部は2005年から、住民登録番号に代わるi‐PINという識別番号を併用してきたが、2010年までにインターネット利用人口の8%にしか普及していない。これはクレジットカード番号、顔写真、携帯電話番号、電子署名を行政安全部か信用調査会社に登録すると、交付される。住民登録番号と違って変更できるが、登録の手間からほとんどの人が住民登録番号を入力してきた。信用調査会社が集めた個人情報の合法性も定かではない。オフラインの世界では依然として住民登録番号が唯一の識別番号であり、オンラインでも出回った番号は消せない。i‐PINは混乱した状況に上乗せされただけだ。

ネット言論の監視

韓国社会の急速なIT化は、1997年のアジア通貨危機によって国際通貨基金（IMF）管理体制下に入った韓国が、そのどん底から起死回生を成し遂げた国家戦略の成功例として語られることが多い。しかし、新自由主義に徹するIMFが資金を援助する条件は援助国の市場の全面開放であり、韓国にも外国資本投資の自由化、金融機関のリストラ、通商障壁の撤廃、労働市場の開放が要求されたことを思えば、ＩＴ化もまたこうしたグローバルな資本のフローを促す政策だったといえる。株価の急落は韓国民になんの責任もないのに、１９５億ドルの資金援助を得るため、外国資本による国の買いたたきを受け入れなくてはならなかった（２００１年8月に完済）。

32年間の軍事政権から１９９３年に文民政権への移行を果たした韓国の民主化運動は、労働権と生活権を切り崩す新自由主義政策とも対立し、２００５年11月に釜山で開催されたＡＰＥＣ（アジア太平洋経済協力）首脳会議では激しい衝突に発展した。インターネット実名制は、こうした批判勢力に対する言論統制の機能を多分にもつ。端緒となった２００４年の公職選挙法改正は、民主化のシンボルであった金大中《キム・デジュン》大統領に続き、政治的な地盤を持たない弁護士、盧武鉉《ノ・ムヒョン》が大統領選でインターネットを通じて支持を広げ、ついに当選したことに対する政財界の危機感が背景にあった。規制サイトが利用者数30万人から10万人へと拡大されたのは、２００８年にＢＳＥ感染の恐れがある米国産牛肉の輸入を再開しようとした李明博《イ・ミョンバク》政権に抗議する「ろうそく集会」が広がった後だった。規制を強める理由としては、ネット上の誹謗中傷を苦にしたとして女優が自殺した事件の方がずっと耳目を集めたが。

政府がネット言論を注視し、実名制を監視ツールにしていることは、２００９年1月に起きた「ミネルバ事件」で明確になった。ローマ神話の知恵の女神をハンドルネームに、２００８年7月に大手サイトの掲示板で米国のサブプライムローンの韓国への飛び火を言い当てて注目され、折々に政府の経済政策を鋭く批判してきた匿名の論客は、２００８年末に政府のドル買い禁止を予測してソウル中央地検に逮捕された。虚偽事実をインターネットで流布して電気通信基本法に違反した疑いだった。政府はミネルバの間違ったご宣託のせいで、為替相場安定に保有外貨20億ドルを支出して損害を被ったと主張した。[*6]

独学で生んだ分析を書き込んだばかりに実の名と身体を暴露された三十代の男性は２００９年4月、無罪判決を受けた。ソウル中央地裁は、彼を電気通信基本法が処罰対象とした「公益を害する目的で公然と虚偽の通信をした者」ではないと認定した。さらに２０１０年12月、憲法裁判所は彼の提訴に対し、逮捕根拠となった電気通信基本法の条文は憲法の保障する表現の自由に違反するという判決を下した。[*7]

しかし政府にとって、ネットで権力批判を続ければ逮捕されるという実例をつくっ

＊6　２００９年1月13日付中央日報日本語版

＊7　２０１０年12月29日付中央日報日本語版

たことは、十分すぎる抑止効果をあげたのかもしれない。

一般のイメージとは違って、IPアドレスによるコンピュータの識別に基づいて情報を送受信するインターネットは、けっしてオフラインの世界に比べて匿名性が高いわけではない。インターネット・サービス・プロバイダー（ISP）に残された記録をたどれば、送信者、受信者、接続先、時間、内容がわかるし、サイト側にもIPアドレスが残る。インターネット実名制はこうした情報に住民登録番号をリンクさせることで、オンライン行動とオフラインの世界とを橋渡しした。政府も意図しなかった個人情報の大量流出は、この住民登録番号を介入させたサイト運営者の地点から巻き起こった。

実名制によって、政府はIPアドレスをたどるまでもなく、サイトへの問い合わせで簡単に本人を特定できるようになった。警察は通信内容の問い合わせには簡易令状を必要とするが、通信主体の名前と住民登録番号は令状なしで提供要請できる。2008年10月、ミネルバと同じ掲示板で政府のBSE対策を批判した700〜800人の名前、住民登録番号、生年月日、住所、IDなどをサイト運営者が警察に提供していたことが明らかになった。大統領の直属機関、放送通信委員会が2012年4月に公表した資料によれば、2010年にインターネット、携帯電話、有線電話の通信主体の名前と住民登録番号が提供された件数は700万件を超え、2011年も600万件近くにのぼった。唯一の識別番号がインターネットを流通するとき、それは市場価値を求めて漂流するだけでなく、国家の隠微な監視の目としても機能するのだ。

軍事政権から電子政府へ

住民登録番号は、1961年にクーデターによって政権を掌握した陸軍少将、朴《パク》正熙《チョンヒ》が翌1962年の住民登録法によって制定した。軍事政権はまず中央情報部（KCIA）設置法を定め、反共法、寄留法の次に住民登録法をつくった。*8 北朝鮮と敵対する軍事政権がスパイまたは「容共分子」を洗い出すため、住民一人ひとりを登録し始めたことがわかる。

寄留法はもともと、日本が植民地にした朝鮮に持ち込んだ戸籍法に基づき、朝鮮にも徴兵制を導入する目的で制定した「朝鮮寄留令」が下敷きだった。*9 朴正熙は日本が中国東北部に設立を宣言した「満州国」の満州軍軍官学校を卒業し、日本の陸軍士官学校へも留学している。満州では住民や労働者に登録証を発行して移動を管

*8　尹賢植「韓国における住民登録法の変遷過程と問題点」白石孝・小倉利丸・板垣竜太編『世界のプライバシー権運動と監視社会』（明石書店）所収。

*9　韓興鐵「監視社会の先進国（？）韓国　いま、なにが起きているのか」『まなぶ』2012年6月号（労働大学出版センター）。

理する政策がとられ、こうした植民地統治の手法を朴正熙は日本の軍人として実行する側にあった。韓国の住民登録法は日本の植民地支配を源流にしている。

住民登録法によって、すべての国民は出生と同時に役所で住民登録をし、住民登録番号をふられるようになった。役所では個人別と世帯別の住民登録票がつくられ、本籍、学歴、職業、技能など個人に関する１４０種類以上の情報が記入されていく。このうち半数以上の情報が80年代から電算化され、政府内の異なる部署で共有されている。17歳になると役所で10指の指紋をとられ、顔写真を撮影されて、住民登録証が発行される。指紋と顔写真も警察や他の部署に送信され、犯罪捜査や身元確認に使われる。

こうした個人監視と国民動員のために発達してきたルーツを考えれば、住民登録番号がインターネットの言論チェックに使われたのはむしろ当然なのかもしれない。しかし50年間に行政だけでなく民間のあらゆる手続に使われるようになり、資本のための個人情報収集という新たな役割を担うようになった。グローバルな資本主義を支えるべく、韓国政府は90年代後半からＩＴ化、電子政府化に力を入れることになる。

執拗になる識別、肥大化する情報

コンピュータネットワークは紙とは比べものにならない保存、検索、追跡の能力を政府に与えた。電子政府は様々な行政手続も紙からインターネットへと切り替え、それにつれて識別の機会が増え、集められる個人情報は肥大化している。

「住民登録番号による管理は行政のためであって、被害者のためではありません。電子政府は広い範囲で直接、個人を把握しようとしている」と、１９９４年にできた性暴力被害者のシェルター「開かれた場《ヨルリント》」の文淑煐《ムン・スギョン》院長は語った（写真３）。閑静な住宅街の一角にあるこの施設は、被害者の治療、心理相談、法律相談にも応じ、加害者を告訴するときには訴訟も支援する。まずは暴力にさらされてきた女性を加害者から守り、安心して暮らせる場所を保障する。

だが被害者は入所の際に区役所に転居を届け出、住民登録番号を提出する必要がある。ここから父、夫、兄といった加害者に居場所を知られてしまうケースがあるという。加害者は役所だけでなく病院などにも被害者の住民登録番号を使って問い合わせ、シェルターに押しかけ、被害者を脅迫することがある。

写真３
「やっとの思いでシェルターにたどり着き、ギリギリの状況で生きている女性に、政府は個人情報を出せという。住民登録番号をもとに情報を蓄積していること事態が 被害者を脅かす」と話す「開かれた場（ヨルリント）」の文院長。「開かれた場」は、1991 年に開所した韓国初の性暴力相談所に付随するシェルター（韓国・ソウル市内で、小笠原撮影）。

身ひとつで逃げてきた女性がシェルターで生活費の助成を申請するのにも、名前と住民登録番号が必要だ。政府は数年前から、社会福祉施設にもインターネット申請を要求するようになったが、ヨルリントはこれを拒否した。センシティヴな情報をネットで扱うことを危険と考えたからだが、ネット申請によって収集される個人情報が増え、家族の名前と住民登録番号、入所の理由、銀行口座、所得財産の内容、施設支援者の情報まで入力する書式になったことも気づいた。一人一日わずか4500ウォン（約320円）の食費援助を受けるために。

こうしてネット申請を見送った社会福祉施設に対し、政府は2012年3月までにネットを使わないと支援を中止すると伝えてきた。女性、高齢者、子ども、障がい者、ホームレスなどの支援に当たる221団体は国家人権委員会に人権侵害を訴えたが[*10]、財政的に苦しい施設は結果を待てず、ネット入力の圧力に屈した。

ヨルリントは古くからの支援者がいてもちこたえていると文院長は言う。「紙に書かれた情報に接する人の数は限られるが、データベースは官民を超えてつながる一方。年金、失業保険、労災保険、健康保険の情報も住民登録番号で一本化されたので、被害者はいつどこから自分の所在が露見するかわからない不安におびえています。病院で治療を受けることをためらう人もいるのです」。ネットと住民登録番号の組み合わせは、執拗な識別とセンシティヴ情報の収集にもベストマッチの効果を発揮する。だがそれが、弱い立場に置かれた人々を追いつめている。

＊10　2012年4月7日付ハンギョレ・サランバン

グローバルな資本のために

電子政府は、韓国社会が住民登録番号に初めて疑問を感じるきっかけも生んだ。1995年に政府が、紙の住民登録証をIC（集積回路）カードに変更し、ICに住民登録情報だけでなく、運転免許、健康保険、国民年金、印鑑、指紋といった7分野42情報を収容し、関係機関をオンラインで接続する「電子住民カード」計画を発表すると、反対の声が徐々に広がっていった。[*11] 政府は各種証明書の発行が簡易になって国民の利便性が向上し、行政の効率が飛躍的に増大すると説明した（日本で住民基本台帳ネットワークが導入されたときの宣伝そのもの）が、1996年に「統合電子住民カード施行反対と国民のプライバシー権保護のための市民社会団体共同対策委員会」が結成され、1997年末の大統領選で電子住民カードを支持しない金大中候補が当選して目的を果たした。しかし1999年にプラスチックカード化のためのデジタル写真とデジタル指紋の採取が始まると、指紋押捺拒否運動が起こった。

こうして住民登録番号制度をめぐる議論が始まったが、それでもなお、この運動

＊11　金基中「電子住民カード導入反対闘争」前掲『世界のプライバシー権運動と監視社会』所収。

を呼びかけてきた尹賢植《ユン・ヒョンシク》さんは、この制度に対する異議申し立てをむしろ異常なことと思う意識が固定しているという。[*12] 大多数の人々は他の国にも韓国と同じ住民登録番号があると考え、他の国にはこのような制度がないと分かると「驚き」、例えばアメリカの社会保障番号がまったくの別物で、本人がいやならば発行されなくもよいと知ると「混乱する」というのだ。「民主主義といいながら、国民が国家を監視し統制するのではなく、国家が国民を監視し統制することを当然だと考える現象こそが、最も大きな問題だ」と尹さんは指摘する。一方で、国家の側は「唯一の番号があるから、それを使った国民管理の方法を考えだす。番号ありきの発想にとらわれている」と進歩ネットの張さんはいう。

二人の発言は、識別番号が国家による監視に使われて民主主義を骨抜きにすること、そしていったんそれが生活に入りこむや、日本にいるわたしたちにとっての戸籍や住民登録のように、意識化されなくなることを知らせる。しかし、それだけではない。

民主化が進んでも住民登録番号が残り続けているのには、グローバルな資本主義が求める個人情報の収集と選別という新たな役割が見逃せない。最も有利な金融市場を求めて莫大な資金を一夜にして移動させ、最も安価な労働市場を求めて工場の

＊12　尹・前掲注8論文144頁。

閉鎖と開設を繰り返す多国籍企業は、情報をどん欲に求める。売れる市場を求めてマーケティングに、必然的に拡大する貧富の差から生じる社会不安のコントロールに、個人情報は欠かせない。個人をあらゆる機会で識別し、情報を集め、優良顧客になるのか、あるいは最低賃金で使える労働力なのか、振り分けていく。日本のTPP参加に先んじて、2012年3月に韓米FTA（自由貿易協定）が発効した韓国は、日本以上に激しい情報の選別にさらされているのかもしれない。

インターネットの情報収集能力がまさにこうした要求に答え、韓国では住民登録番号を識別の便利なパートナーに選んだことを、ここではベストマッチと呼んだ。情報共有を目的とする日本のマイナンバーも、出現すれば確実にネット上を駆け回るだろう。しかし、韓国の経験はそこに掘られた大きな落とし穴を知らせる。わたしたちの情報はわたしたちの手を離れ、流出し、暴走し、都合のいい側面しかみない政府の予想をはるかに超える結果をもたらす。その責任はだれもとらない。これは日本の政治文化からいっても明らかだ。

ベストマッチには落とし穴がある。夢物語とは違って。

共通番号制度《きょうつうばんごうせいど》のカラクリ
マイナンバーで公平《こうへい》・公正《こうせい》な社会《しゃかい》になるのか？

2012年11月10日　第１版第１刷

編　者　田島泰彦・石村耕治・白石孝・水永誠二
発行人　成澤壽信
発行所　株式会社 現代人文社
〒160-0004 東京都新宿区四谷2-10八ッ橋ビル７階
振　替　00130-3-52366
電　話　03-5379-0307（代表）
ＦＡＸ　03-5379-5388
E-Mail　henshu@genjin.jp（代表）/ hanbai@genjin.jp（販売）
Ｗｅｂ　http://www.genjin.jp
発売所　株式会社 大学図書
印刷所　株式会社 ミツワ
ブックデザイン　加藤英一郎
編集協力　小石勝朗

検印省略　PRINTED IN JAPAN　ISBN978-4-87798-531-8 C0036